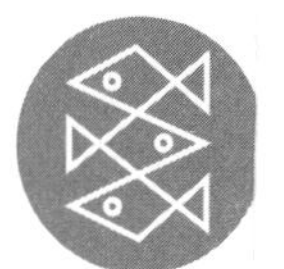

Am Weihnachtsabend kehrt ein Mann nach Hause zurück. Er verbringt einen letzten Abend mit seiner Mutter, bevor er sie in einem Altenheim unterbringen will. Ein verletzter Höhlenforscher sucht verzweifelt den Ausgang eines verlassenen Stollens. Und am Bahnhof einer deutschen Stadt wartet ein Mädchen mit ihren Freunden auf Touristen, um ihnen das zerstörte Haus bekannter rechtsradikaler Terroristen zu zeigen. In »Stäube« beweist Clemens Meyer mit drei Erzählungen einmal mehr sein großes Talent für bildstarke Geschichten und setzt sich in dem Essay »Wozu Literatur« mit dem eigenen Schreiben auseinander.

Clemens Meyer, geboren 1977 in Halle / Saale, lebt in Leipzig. 2006 erschien sein Debütroman »Als wir träumten«, es folgten »Die Nacht, die Lichter. Stories« (2008), »Gewalten. Ein Tagebuch« (2010), der Roman »Im Stein« (2013) sowie die Frankfurter Poetikvorlesungen »Der Untergang der Äkschn GmbH« (2016). Für sein Werk erhielt Clemens Meyer zahlreiche Preise, darunter den Preis der Leipziger Buchmesse. »Im Stein« stand auf der Shortlist für den Deutschen Buchpreis und wurde mit dem Bremer Literaturpreis ausgezeichnet. Mit »Als wir träumten« und »Im Stein« war er für den Man Booker International Prize nominiert. Im Frühjahr 2017 erschienen die Erzählungen »Die stillen Trabanten«.

Bertram Kober, geboren 1961 in Leipzig. Gründer der Fotoagentur Punctum. Seit 2005 Lehrtätigkeit an der Neuen Schule für Fotografie in Berlin.

Weitere Informationen finden Sie auf www.fischerverlage.de

Clemens Meyer

Stäube

Drei Erzählungen und ein Nachsatz

*Mit Fotografien
von Bertram Kober*

FISCHER Taschenbuch

Aus Verantwortung für die Umwelt hat sich der S. Fischer Verlag zu einer nachhaltigen Buchproduktion verpflichtet. Der bewusste Umgang mit unseren Ressourcen, der Schutz unseres Klimas und der Natur gehören zu unseren obersten Unternehmenszielen.

Gemeinsam mit unseren Partnern und Lieferanten setzen wir uns für eine klimaneutrale Buchproduktion ein, die den Erwerb von Klimazertifikaten zur Kompensation des CO_2-Ausstoßes einschließt.

Weitere Informationen finden Sie unter: www.klimaneutralerverlag.de

Erschienen bei FISCHER Taschenbuch
Frankfurt am Main, Oktober 2023

Lizenzausgabe mit freundlicher Genehmigung der
Faber & Faber Verlag GmbH, Leipzig

Druck und Bindung: CPI books GmbH, Leck
Printed in Germany
ISBN 978-3-596-70942-7

Die Glocken

Er wunderte sich, dass der Schnee nicht schwarz war.

Er stand auf dem Bahnsteig, direkt an der Kante, vor ihm und unter ihm das Gleis, das nun leer war, die Lichter des Zuges konnte er noch erkennen in der Dunkelheit, rot, wie die Rücklichter eines sehr großen Autos, und dann sah er die gelben Vierecke der Fenster, als der Zug in die Kurve bog. Fast schien es ihm, er würde Reisende hinter dem Glas erkennen, Köpfe lehnten an Scheiben, letzte Blicke, bevor der Zug die langgezogene Kurve durchfuhr und in der Nacht verschwand, der Bahnhof, die Gleise, der Schnee, ein Mann allein auf dem Bahnsteig.

Aber der Zug war so gut wie leer gewesen, und leer fuhr er weiter, Richtung Wolfen, Richtung Dessau, Richtung Berlin.

Nein, er hatte sich nicht wirklich gewundert, es war nur dieser Augenblick eines Übergangs, als er sich wünschte, und es fast schon glaubte, dass der Schnee grau und schwarz vor ihm auf den Schwellen der Schienen und zwischen den Schwellen liegen würde, schwere Flocken langsam auf seinem Mantel schmolzen, er trug einen hellen Mantel, beige, die Spuren des Schnees auf dem Stoff, als wäre ein Vogel darüber gelaufen ... Der Schnee war seit fast dreißig Jahren nicht mehr schwarz in der kleinen Stadt. Und wann hatte es überhaupt das letzte Mal geschneit im Dezember?

Er trat einen Schritt zurück von der Bahnsteigkante und drehte sich in Richtung des Bahnhofsgebäudes. Und obwohl noch ein Gleis wie ein Graben zwischen ihm und dem seltsam verwinkelten Haus mit den Ticketschaltern, dem Zeitungsladen, dem Warteraum und dem kleinen Restaurant lag, wollte er den Arm ausstrecken und es berühren, die grauverputzten Mauern berühren, die an vielen Stellen ihre dunkelroten Ziegel zeigten, wenn der Putz abfiel, zerfressen von dem Atem des großen Werkes, der Fabriken, die eine einzige riesige Fabrik waren, weit hinter den Bahnsteigen, in seinem Rücken jetzt, Köpfe lehnten an geschwärzten Scheiben, der Bahnhof war voller Menschen, Reisende, Fabrikarbeiter, Rangierer, auch an den Feiertagen. Die Gräben der Gleise verloren sich zum großen Werk hin, Graben an Graben, Gleis an Gleis, verästelten sich und verzweigten sich, Laderampen, Rangierstrecken, Lokschuppen, ein paar kleinwüchsige, verkrüppelte schwarze Bäume am Rand der Schienen, der Schnee auf ihnen war nicht zu erkennen, legte sich, schmelzend und wieder gefrierend, um das Holz wie eine harte Rindenhaut, und er drehte sich in Richtung des Bahnhofsgebäudes und streckte seine Hand aus.

Eine Wand aus Stahl und Wind und Kälte. Und er taumelte zurück, die Hand immer noch auf Brusthöhe, die Finger auseinandergespreizt, und in einem kurzen Moment des Übergangs, *Augenblick*, beginnt er die Waggons des durchfahrenden Güterzuges zu zählen, Schnee treibt in sein Gesicht, brennt in seinen Augen, wie der Schnee immer in den Augen brannte, als er noch schwarz fiel. Wenn er auf der Mütze schmolz und ins Gesicht tropfte.

Und als der Güterzug in der langgezogenen Kurve verschwand, sah er den kleinen Weihnachtsbaum in einem Fenster des Bahnhofsgebäudes gegenüber, sah die winzigen, fingerlangen blauen, grünen und roten Stecklichter, die die dunkelgrünen Zweige des Baums spärlich beleuchteten, und er fuhr sich durch die Haare mit seiner kalten Hand, wo waren seine Handschuhe?, und warum trug er keine Mütze?, war dieser Wintereinbruch ein unerwarteter Gast in der Dezembermilde?, und er fragte sich, während er langsam die Stufen in die Unterführung, den Tunnel, hinabstieg, warum ihm dieser Lichterschmuck nicht vorhin schon aufgefallen war, als die Tür seines Zuges hinter ihm mit einem Knall zuschlug, das Schneetreiben war stärker geworden.

Der Tunnel, der unter den Gleisen hindurch zum Bahnhofsgebäude führte, war sehr hell erleuchtet, mehrere Lichtröhren an der Decke, er erinnerte sich, dass diese Unterführung früher dunkel gewesen war, die Lampen kaputt, flackernd, ein Gestank nach Pisse, als Kind hatte er sich vorgestellt, wie in den Nächten Reihen von Männern an den Wänden standen und urinierten. Nun wirkte der sehr helle Tunnel, die Wände mussten kürzlich erst frisch gestrichen worden sein, wie die Röhre eines Flugzeugs, aber dann erkannte er doch einige Kritzeleien auf dem Weiß. Fußball, natürlich, was sonst.

Die Namen irgendwelcher Mannschaften, einige kannte er noch von früher, kleine Vereine und Clubs aus der Region, er interessierte sich nicht besonders für Fußball und hatte nicht gewusst, dass es diese Namen überhaupt noch gab, soviel war doch verschwunden in dieser Gegend, aber vielleicht hatten die alten Kritzeleien und Sprüche, die er als Kind hier gelesen hatte, die neue Farbe wieder durchdrungen, von unten kommend, so wie er jetzt die Treppen nach oben stieg, den Tunnel Richtung Bahnhofsgebäude wieder verließ, langsam, Stufe für Stufe, tauchte die Front des verwinkelten Hauses auf Bahnsteig 1 vor ihm auf, und er sah, wie sich die zwei Flügel der Tür, die ins Innere des Gebäudes führte, öffneten und schlossen, immer wieder öffneten und schlossen, es war eine von diesen durch Lichtschranken ausgelösten Türen, deren Schranken, innen und außen, nicht aktiviert wurden, wenn sich niemand näherte, niemand sie durchschritt.

Aber dennoch bewegten sich die beiden Flügel der Tür unablässig, berührten sich, zogen sich wieder zurück, fuhren aufeinander zu, wie die gläsernen Türflügel einer Bank sah das aus, so dachte er zumindest einen Moment, obwohl er nicht an Banken und deren Türen denken wollte, er war in den letzten Jahren zu oft durch diese Türen gegangen, sich öffnend, sich schließend, und er spürte die zusammengefalteten Papiere in der Innentasche seines Mantels, schwer und groß schienen sie ihm plötzlich, wie ein Brikett, und als er in seine Innentasche griff, zerbröckelte das Brikett, zerbröselte wie ein Stück Braunkohle, die rund um diese Stadt und ihr Dorf und die anderen Dörfer so viele Jahre gefördert worden war, und erschrocken sah er seine braune, schwarze Hand, in der die Krümel und Stücke lagen, die Papiere waren in den Flözen zu Kohle geworden, verkohlt, verwandelt, in die Schichten gepresst …

Nein, er blieb auf der Treppe stehen, befühlte die Papiere in der Innentasche seines Mantels nur kurz mit der flachen Hand und beobachtete die Tür, die wohl eine Fehlfunktion haben musste, denn niemand durchquerte sie, aber als er weiter ging, den Bahnsteig 1 betrat, sich ihr näherte, schloss sie sich, berührten sich die beiden Flügel und blieben so, öffnete sich die Tür nicht mehr. Er blieb stehen, wenige Meter von der Tür entfernt, auf der letzten Stufe der Treppe, spürte den kalten Wind im Rücken, auf dem Hinterkopf, sah, wie sich der Schnee auf dem Boden des Bahnsteigs bewegte, vom Wind bewegt wurde, und wagte es kaum, die Hand nach der Tür auszustrecken, damit sie sich öffnete, vielleicht, weil er nicht wusste, ob sie sich öffnen würde, vielleicht auch, weil er Angst hatte, dass sie sich öffnen würde. Und seltsam unpassend kam ihm dieses weißgerahmte Glas der Türflügel vor, das wie Plastik aussah, zwischen den Ziegelwänden, den alten Mauern, und er fragte sich, was für eine Tür sich damals öffnete und schloss, geöffnet und geschlossen wurde, als seine Mutter das erste Mal diesen Bahnsteig betrat, als sie ein Kind war, ein junges Mädchen, zusammen mit ihrem Bruder, vor siebzig Jahren.

Aber er kannte doch selbst diese schwarze alte und schwere Tür, zwei Eichenholzflügel, gegen die man sich lehnen musste, bevor man in den kleinen Bahnhof der kleinen Stadt gelangte, die ihm immer so groß vorgekommen war.

Er stand in der leeren Bahnsteighalle, die Tür hinter ihm hatte wieder begonnen, sich unablässig zu öffnen und zu schließen, und der Wind wehte eine BILD-Zeitung über den Boden, zerrissenes Papier, vierundzwanzigster Dezember, ihm fiel auf, als sein Blick der umherwehenden Zeitung folgte, die, im Rhythmus der irre gewordenen Tür, mal ab über den Boden wanderte, dann mit einem Rascheln kurz verharrte, ihm fiel auf, dass die Nackte anscheinend schon seit geraumer Zeit von der Titelseite der Zeitung verschwunden war, die nackte Titelfrau passte wohl nicht mehr in diese Zeit, DIE SCHMUTZIGSTE STADT EUROPAS las er auf der ersten Seite, DIE WERKE SCHLIESSEN, DIE BAGGER WERDEN STILLGELEGT, nein, auch das war schon lange her.

Er hob die Zeitung auf und glättete das Papier und überflog ein paar Geschichten, die Welt war aus den Fugen, aber die schöne nackte Frau blieb verschwunden. Sein Onkel, der Bruder seiner Mutter, hatte, bis ein Gehirnschlag ihn in eine Art Pflegeheim brachte, die Frauen ausgeschnitten. Er klebte sie in seinen Spind, bis das Werk schloss, er sortierte die Schönsten aus und bewahrte sie in einer alten Zigarrenschachtel. Vor der Wende war der Onkel oft weit gefahren, um sich die einzige Zeitschrift zu besorgen, in der nackte Frauen abgebildet waren. In ihrem Dorf gab es nur einige wenige Zeitungen und Zeitschriften in der Kaufhalle, und selbst hier, in der kleinen Stadt, fand sein Onkel diese Zeitschrift nicht immer und fuhr weiter mit dem Zug nach Wittenberg oder Dessau.

Einmal war der Onkel sogar bis nach Berlin gefahren, kurz vor Weihnachten, irgendwann Anfang der Achtziger, weil ein Arbeitskollege ihm einen Tipp gegeben hatte, angeblich würde es in dieser oder jener Kneipe in Friedrichshain den *Playboy* unterm Ladentisch, unter der Theke, zu kaufen geben. Für einen Hunderter. Der Onkel war *seltsam* gewesen, das war das Wort, was sie im Dorf benutzten, wenn sie über ihn sprachen, ein Eigenbrötler, er lebte allein in seinem halb verfallenen Haus am Dorfrand, in *ihrem* Dorf. Als er starb, fanden sie jede Menge Damenwäsche unter seinem Bett und weitere Schlüpfer im Küchenschrank, und einige Damen im Dorf erinnerten sich, dass hin und wieder mal Wäsche von der Leine verschwunden war, aber es war, wie es war, und keiner sprach darüber. Als Kind, nach Fünfundvierzig, hatte der Onkel an Unterernährung gelitten und war recht klein geblieben, aber sein Kopf saß sehr groß auf dem kleinen Körper, und die Stirn war seltsam hoch.

Er hält immer noch die zerrissene Zeitung in der Hand, als er Schritte hört. Ein Junge, zehn oder elf Jahre alt, durchquert die Bahnhofshalle, geht, ohne ihn anzuschauen, in Richtung der Bahnhofskneipe.

Sollte die Heilig Abend etwa offen haben? Er legte die Zeitung auf eine der leeren Bänke und ging ein paar Schritte, dem Jungen hinterher, in Richtung der Kneipe, die früher ein richtiges Restaurant gewesen war, eine große *Mitropa.* Er sieht den Jungen hinter der Scheibe in dem halbdunklen Raum, erkennt nun auch den kleinen Weihnachtsbaum hinter den Tischen, an denen niemand sitzt, in einem der Fenster zu den Bahnsteigen, der Junge geht in Richtung des Tresens, an dem ein Mann steht, sich auf den Tresen lehnt, da steht doch ein Mann? Er neigte seinen Kopf gegen die Scheibe, legte die Hände auf das Glas, um besser sehen zu können, die bunten elektrischen Kerzen des Baums scheinen die einzige Lichtquelle zu sein dort drinnen, er sieht, wie der Junge auf den Mann einredet, ihn berührt, ihn am Hemd zieht, an der Jacke zieht, die beiden Gläser, die vor dem Mann auf der Theke stehen, von dem Mann wegschiebt.

Außer dem Jungen und dem Mann sieht er niemanden in der *Mitropa*. Und als er wenig später im Taxi sitzt, den letzten Bus, der ihn ins Dorf bringen sollte, hatte er verpasst, obwohl noch genug Zeit gewesen war, erinnert er wieder den Jungen, der auf den Mann einredet, wie konnte er das nur durch die Scheibe hören? »Onkel, nun komm schon, du musst mitkommen, du kannst doch nicht die ganze Nacht hier sitzen«, und links und rechts neben der Straße, die sie durch die Nacht fahren, sieht er die Abgründe des Abraums, die großen Braunkohlegruben, die Straße, auf der sie durch die Nacht fahren, ist wie ein schmaler, langer Steg, der in dieses dunkle Meer hineinsticht, er kann keine Lichter in den Gruben erkennen, dabei arbeiteten die Bagger früher Tag und Nacht und standen auch am Vierundzwanzigsten nicht still, aber vielleicht haben sie sich so tief gegraben, dass die Lichter hier oben nicht mehr zu erkennen sind.

»Ich will zu meiner Mutter«, hatte er zu dem Jungen gesagt, »ich war lange nicht bei ihr«, als der Junge den Mann, der ein wenig schwankte und nicht viel größer war als der Junge selbst, durch die Bahnhofshalle führte, und so dicht kamen sie an ihm vorbei, berührten ihn fast, der Junge und der Mann, dass er den *Mitropa*-Atem des beinahe kleinwüchsigen Mannes riechen konnte, billiger Weinbrand, schales Bier, der Junge schob und zog den Mann zu den

Busteigen außerhalb des Bahnhofsgebäudes, aber an der Tür blieben sie stehen, und der Junge fragte, und seine Stimme hallte sehr hoch und sehr kindlich in der Halle, die eigentlich nur ein recht kleiner Raum war: »Was machen Sie hier, es ist Weihnachten.«

»Und, geht's nach Hause«, fragte der Taxifahrer, der eine ganze Weile nichts gesagt hatte, sich wahrscheinlich über die Umwege wunderte, die ihm instruiert worden waren, die er fahren sollte, und so fuhren sie in einem geschwungenen Bogen um die kleine Stadt herum, durch die Dörfer, durch den Wald, an den gefluteten Tagebauen vorbei, Boote im Sommer, Badegäste, Schlittschuhlaufen in den kalten Wintern.

Und immer wieder blickte er sich um, der späte Fahrgast, und hinter dem Schattenschnitt der Stadt sah er die hohen schmalen Schornsteine des alten Werkes, aus denen die Flammen in den Nachthimmel schlugen, und der Fahrer sieht im Rückspiegel ein Kind, dass sich umdreht, weil es diese großen Weihnachtskerzen sehen will, die es zählt, wie es die Waggons eines vorbeifahrenden Güterzuges zählt, die Kerzen erloschen und flammten wieder auf, und es gab Augenblicke, wo vier, fünf und mehr dieser Kerzen brannten am Horizont, der Atem des Werks, und das Kind sieht sich selbst in der Scheibe der *Mitropa*, in der Scheibe des Bahnhofsrestaurants, draußen fällt schwarzer Schnee, »Bitte, Onkel, nun komm doch mit, ich soll dich nach Hause bringen.«

Das Haus des Onkels ist längst verschwunden, abgerissen, nachdem der Onkel ins Pflegeheim kam. Er zahlt und steigt aus. Die zusammengefalteten Dokumente in der Innentasche. Groß und schwer wie ein Brikett, bröckelnde Braunkohle?, nein, nur Papiere. Wie ein Päckchen, ein Weihnachtspäckchen, beruhigt er sich, aber während er fuhr, erst aus den Fenstern des Zuges schaute, dann durch die Scheiben des Taxis schaute, hatte er Angst vor dem Moment, wenn er es seiner Mutter geben würde, und so instruierte er den Fahrer, Umwege zu fahren, die Straße wie ein langer nicht enden wollender Steg ins Vergangene, Verschwundene. Sanft fallen die Hügel ab hinterm Dorfrand.

Er sieht, wie das Taxi die Straße entlang fährt, abbiegt, er sieht die roten Rücklichter noch eine Weile, die immer kleiner werden, rote Punkte werden, verschwinden. Es hat aufgehört zu schneien. Bald wird das alles wieder schmelzen, denkt er und sieht die weißen Wölkchen seines Atems, zwischen den Feiertagen soll es mild werden. Niemand zu sehen auf der Straße, zwischen den Häusern, nichts zu hören, nicht mal ein Hund bellt. Warum bleibt sie nur in diesem Nest, denkt er. *Seinem Nest, seinem Dorf.* Wo doch kaum noch jemand hier ist, obwohl die Bagger längst auf dem Grund der gefluteten Tagebauen ruhen, tote Lindwürmer, doch dann sieht er zwei, drei Weihnachtslichter die Dorfstraße runter, Schwibbögen in einigen Fenstern, rote Sterne hinter dem Glas der Eingangstüren oder der großen ebenerdigen Fenster, und er fragt sich, wer von den Alten sich wohl so bemüht. Im Haus seiner Mutter erkennt er kein Licht, die Fenster unterm Dach sind dunkel, sie muss in der Küche sitzen, und das Küchenfenster ist von hier nicht zu erkennen. Er hat sich am Dorfrand absetzen lassen, dort, wo das Haus seines Onkels stand. Sanft fallen die Hügel ab hinterm Dorfrand. »Wir werden verschwinden«, so sagten sie damals im Dorf, so hieß es. Denn die Gruben kamen näher, die Bagger kamen näher. Die Nachbardörfer verschwanden. Die Bewohner wurden umgesiedelt, zogen in die kleine Stadt, näher zu dem großen Werk, in dem viele von ihnen arbeiteten. Wie sein Onkel. Andere gingen in die Braunkohle, dort wurde gut gezahlt, zogen in den Abraum, der um ihre Dörfer immer weiter wuchs, Abraum, Alptraum, Unraum –

Und das Haus seines Onkels stand an der Grenze zu dieser dunklen und dennoch lichtdurchfluteten Grube, auch in den Nächten wurde gearbeitet, wurde gefördert, wie am Rand einer Klippe stand das Haus seines Onkels, und steil fiel die Klippe ab zu diesem Meer hin, aber anders als die Lichter von Schiffen strahlten und leuchteten die Zeichen der Bagger unablässig, strahlten und leuchteten die Zeichen der Förderung, strahlten und leuchteten dröhnend und kreischend in die Fenster seines Onkels.

»Du kommst spät.« Seine Mutter sitzt am Küchentisch. Ein Adventskranz mit vier weißen Kerzen vor ihr.

»Ist mein Brief angekommen?« fragt er und setzt sich zu ihr.

»Ich gehe hier nicht weg.« Sie blickt ihn an, das Gesicht grau unter den weißen Haaren, und kurz denkt er, dass sie seit Tagen hier sitzt und auf ihn wartet. Es ist kühl in der Küche, und er geht ein paar Schritte, steht neben ihr, blickt auf ihre hängenden Schultern, den alten krummen Rücken, sie ist nicht ganz so klein wie ihr Bruder, sein Onkel. Sie hatte ihm mal erzählt, dass ihr Bruder, sein Onkel, sie mit Waldbeeren gefüttert hat, als sie hungerten. Auf der Flucht. Bevor sie auf dem Bahnsteig der kleinen Stadt standen, *Brüderchen und Schwesterchen*. Hatte sie ihm nicht dieses Märchen immer vorgelesen?

»Wollen wir nicht in die Stube gehen«, fragt er.

»Ich sitze gerne hier. Und ich habe keinen Baum dieses Jahr.«

»Aber einen Kranz hast du dir gemacht.« Er zeigt auf den Adventskranz. Die Zweige sehen frisch aus, sicher hat sie sie im nahen Wald geschnitten, obwohl sie kaum noch laufen kann, zwischen den dunkelgrünen Nadeln sieht er feine silberne Fäden, mit denen sie die Zweige zusammen geflochten hat. Drei der vier Kerzen sind ziemlich runtergebrannt. Sie nimmt ein Feuerzeug und ganz langsam und mit zitternder Hand hält sie die Flamme an die kleinen schwarzen Dochte, die erst zögerlich und mit geduckter Flamme zu brennen beginnen, und dann werden die Flammen um die Dochte immer länger und spitzer, erhellen den Küchentisch, Schatten flackern über ihnen. »Stell dir vor, es sind Weihnachtslichter, große Weihnachtskerzen, du musst keine Angst haben.« Er drückt sich an sie, hält sich an ihr fest, und sie beugt sich zu ihm und hält ihn an den Schultern, sie stehen auf dem Bahnsteig und warten auf den Onkel, sie holen ihn oft ab, damit er nicht bis in die Nacht in der *Mitropa* bleibt. Schnell wird es dunkel in der kleinen Stadt, als würde die Abendsonne nicht mehr durch den Dunst dringen, der Atem des Werks, und erst klein und geduckt drücken sich Flammen aus den Schloten hinter den

Gleisen, werden dann lang und spitz und lodern gelb in den schwarzen Qualm hinein, und er hat keine Angst mehr, er nimmt ihre Hand und gemeinsam schauen sie auf diese Dezemberlichter, die aufflammen und dann wieder verschwinden, später am Abend fällt grauer Schnee, der schwarz ist am Morgen.

»Du hattest doch immer einen Baum, Mutter.«

»Nein, die letzten drei Jahre nicht mehr. Wozu auch. Du kommst ja kaum noch, und wenn nur kurz.«

»Mutter, du weißt dass ich …«

»Ich gehe hier nicht weg.« Und wieder dieser Satz, auf den er gewartet hat, vor dem er Angst hat, vor dem sie vielleicht selbst Angst hat. Ein kleines Mädchen vor den großen schweren Türen des Bahnhofsgebäudes.

»Ich gehe hier nicht weg.« Auch der Onkel hatte das immer wieder gesagt. Damals, als die Nachbardörfer geräumt wurden, im Abraum versanken, der Kohle wichen. An *einem* Horizont glühte das Werk hinter der kleinen Stadt, am anderen Horizont kroch der lange Förderbagger durch die riesige Grube wie ein Lindwurm.

Die Küche ist kalt. Keine Heizung, kein Ofen, nur der Herd sorgt hier für Wärme. Ein paar Töpfe stehen auf den rostigen Platten. Er hebt kurz einen Deckel und lässt ihn wieder fallen. Graugrünes Fleisch zwischen gelben Kartoffeln.

»Onkel!« ruft er. Doch im Haus ist es still. Er soll ihn holen, wieder mal. Er will die Zigarrenkiste suchen, in der die nackten Frauen liegen. »Onkel!« ruft er, »nun komm doch, es ist Weihnachten.«

Und dann hört er die Glocken. Sehr nah scheinen die zu läuten. Er geht zum Fenster und weiß sofort, dass es nicht die Glocken ihrer Kirche sind, der Dorfkirche, denn der Gottesdienst beginnt erst achtzehn Uhr, und es ist kaum vier.

»Und ist das wirklich wahr, also passiert, oder habe ich das nur geträumt?«

Er legt seine Hand auf die Schulter seiner Mutter. Eine Kirche, auf einem kreisrunden Stück Land, inmitten des Abraums, wie eine Insel, das dazugehörige Dorf weggerissen, im Abraum versunken, nur die Kirche war noch da. Warum?

Hatte der Pfarrer sich geweigert zu gehen? Gab es Dinge zu bergen? Kunstschätze? Sollte die Kirche abgetragen werden, Stein für Stein? Der Onkel war irgendwie dorthin gekommen, hatte den Kirchturm von seinem Küchenfenster aus gesehen, Tag für Tag, und vom Leuchten des langen Förderbaggers erhellt in den Nächten, der sich wie ein Lindwurm um diese Insel schlang; war dann dort hingewandert, durch die Grube, durch die Schlucht, durch den Abraum, an diesem trüben Nachmittag, der schnell ein Abend wurde, Dezember, ja, vielleicht sogar Weihnachten.

»Ja, so war er. Lange her.« Seine Mutter legt ihre Hand auf seine Hand, die immer noch auf ihrer Schulter liegt, und er spürt ihr Zittern, bevor sie sie wieder wegzieht.

»Er hat wie ein Wahnsinniger die Glocken geläutet, hat sich an das alte Seil gehängt, ja, es war eine alte Kirche. Und da hat er geschwungen und geschwungen. Geläutet und geläutet. Nur du konntest ihn wegholen.«

»Ich?«

»Er war doch manchmal wie dein Vater, nachdem dein Vater … Er hat doch nur auf dich gehört.«

»Du musst hier weg, Mutter. Ich habe mich um alles gekümmert.«

»Und da kommst du Heilig Abend und tust so, als wäre es ein Geschenk?«

»Es fällt mir nicht leicht, Mutter.«

»Ich gehe hier nicht weg. Kannst du nicht warten, bis ich tot bin.«

»Mutter …«

»Dein Vater ist hier gestorben und sogar hier geboren, dein Onkel ist hier gestorben, und ich werde auch hier …«

»Nein, er ist nicht hier gestorben …«

»Wer?«

»Der Onkel. Dein Bruder, Mutter.«

»Und denkst du, dass er glücklich war? Hier war alles, was er hatte, hier sind wir zusammen hergekommen, als Kinder, nach dem Krieg.«

»Ich weiß, Mutter.«

»Nichts weißt du, Junge.«

Und sie hatte recht. Sie hatte nie davon erzählt, und auch der Onkel nicht, nur manchmal, wenn sie zusammen am Rand der riesigen Grube saßen und den Förderbagger bei der Arbeit beobachteten und sich in all der Bewegung dort unten verloren, hatte er sich laut mit seiner schwer verständlichen bellenden Stimme an *früher* erinnert, Brüderchen und Schwesterchen, die zusammen Hand in Hand von weit her gekommen waren, durch Flammen und Tod und

Schnee, und er hatte seine große schwielige Hand geöffnet, als würden noch immer ein paar Waldbeeren darin liegen.

»Es hat geschneit.«

»Was?«

»Als ich ihn holte, aus dieser Kirche, zu Weihnachten. Da hat es geschneit. Und der Schnee war nicht schwarz, nicht mal grau.«

»Er war immer schwarz damals, Junge.«

»Nein, nicht an diesem Abend.« Er streicht dem Onkel den Schnee aus dem Haar, als sie nach Stunden die Grube wieder verlassen haben, sicher hatte irgendjemand schon die Polizei informiert, aber die kamen nicht allzu schnell am Weihnachtsabend, er streicht dem Onkel den weißen Schnee aus dem Haar.

Kalt war es im Inneren der Kirche gewesen. Kälter noch als draußen. Er sah die Wölkchen seines Atems vor sich, er rief in das leiser werdende Läuten hinein. »Onkel?« Er fand ihn im Turm, erschöpft lag er neben der altertümlichen Läut-Anlage, während die Glocken über ihnen langsam ausschwangen und immer leiser wurden. Als sie nach draußen gehen, sieht er einen struppigen Weihnachtsbaum, sicher eine kleine Kiefer, auf einer der vorderen Bänke im Kirchenschiff, jemand hat ihn dort so abgelegt, als würde der Baum auf der Bank sitzen und auf den Altar und die silberne Orgel schauen.

»Einen Baum, Mutter.«

»Was?«

»Ich werde noch einmal losgehen und einen Baum holen, also schlagen.«

»Einen Weihnachtsbaum?«

»Es ist doch Weihnachten, nicht wahr?«

»Du willst in den Wald? Jetzt noch?«

»Warum nicht, Mutter? Ich kenne die Lichtungen und Schonungen bei den alten Gruben. Ich kenne den Wald hier. Ich will uns einen Baum holen.«

»Warte, Junge ...«

Und er geht zum Schuppen, wo er sicher noch eine gute Axt finden wird. Es schneit wieder, und er hört das Knirschen seiner Schritte im Schnee. Und schwer und groß wie ein Brikett spürt er die Papiere von der Bank und von dem Pflegeheim in seiner Innentasche. Mit der Axt über der Schulter quert er die Dorfstraße und geht in Richtung Waldrand.

Dem Grund zu

I Die Strecken

Er spürte den Luftzug und kroch weiter. Es ging leicht bergan, die Luft war jetzt nicht mehr so stickig, je tiefer man kam, um so heißer und stickiger wurde es, das wusste er. Er hatte nur wenige Minuten ausgeruht und war in einen kurzen tiefen Schlaf gefallen. Erst war er sich nicht sicher gewesen, wie lange er geschlafen hatte, Stunden vielleicht, und griff nach seiner Taschenlampe, um auf seine Uhr zu schauen, aber die Batterien der Lampe waren leer. Ein paar Mal hatte sie noch etwas Licht gegeben, ein flackerndes gelbes Leuchten, dann sah er, wie nur noch die Drähte in der kleinen Glühbirne einen Rest Licht in sich trugen, ein letztes rotes Verglimmen, aber er hatte keine Angst vor der Dunkelheit. Die Taschenlampe hatte er wohl zulange unter der Bettdecke benutzt, wenn er dort nachts las (*Tom Sawyer, der sich in den Tiefen der Höhle in den Bergen am Mississippi verlaufen hat mit seiner kleine Becky, nicht wahr?*), er hätte noch einmal die Batterien wechseln sollen.

In Großvaters Arbeitszimmer gab es ein Fach, in dem alle möglichen Batterien lagen, die großen runden, die er für die Lampe brauchte, kleine dünne Röhren, die nirgendwo zu passen schienen, dicke breite Flachbatterien, deren lange metallene Kontaktstreifen er manchmal ganz kurz mit seiner Zunge berührte, ein kurzes schmerzhaftes Prickeln des elektrische Stroms, sein Großvater war ein Bastler gewesen, er konnte sich erinnern, wie er mit dem Rücken zur offenen Tür in seinem Arbeitszimmer saß und irgendein Modell, ein kleines Häuschen, eine Lokomotive zusammenbaute. Und dort, im Arbeitszimmer des Großvaters, hatte er vor einigen Tagen auch die Batterien gewechselt, als er seine Expedition zu planen begann. Aber die Batterien mussten fast leer gewesen sein, wie lange war der Großvater schon tot? Unter der Erde, wie Mutter immer sagte.

Und er drückte seine Armbanduhr an sein Ohr, hörte das Ticken, das ihm sehr laut vorkam hier in der Stille, unter der …, er zog die Uhr auf, tastete nach der Krone und drehte sie, bis er den Widerstand spürte, er wollte nicht, dass das Ticken seiner Kinderuhr verstummte, so wie die Lampe erloschen war, eine kleine schwarze Katze war auf dem Ziffernblatt zu sehen, die wackelte mit den Augen, TICK TACK, weiß schwarz, TICK TACK, er hielt das Ziffernblatt genau vor seine Augen, aber sah nichts. Oder sah er dann doch die Zeiger, die Augen der Katze, weil sich verirrtes Licht unter dem Glas gesammelt hatte, davon hatte ihm der alte Bergmann erzählt, den er manchmal im Park auf der Bank getroffen hatte, der saß dort und – – – *Moment, das war doch der Großvater selbst gewesen, das war doch ein und die selbe Person! Und der Großvater ist doch noch gar nicht tot …* Wie lange kroch er nun schon durch diesen Stollen, der wahrscheinlich eine Strecke war, die direkt zum Erz führte, zu den Schätzen führte, von denen er soviel gehört hatte. »Ein Stollen mündet ins Tageslicht, nicht wie eine Strecke«, hatte der alte Bergmann gesagt, der sein Großvater war, der auf einer Bank in dem kleinen Park saß, vor dem Pflegeheim, hinter dem der Berg anstieg.

Der Stuhl vorm Schreibtisch war leer und auf dem Schreibtisch stand noch der Aschenbecher aus Kristall, der Großvater hatte dort oft gesessen und Zigarre geraucht. Aber als er dann einmal in das Zimmer ging, um in die Schubladen zu schauen, die Großmutter war einkaufen gegangen, stand ein kleiner hölzerner Mann auf der Tischplatte, in der alten Bergmannsuniform, der hielt eine Grubenlampe in der Hand und starrte ihn an, kleine blaue Augen, als wäre er lebendig, so dass er erschrocken zurück in den Flur sprang …, und als er noch einmal schaute, war der Bergmann plötzlich ein Hauer im Blaumann, die Grubenlampe auf dem Helm und einem kleinen Presslufthammer, den er in beiden Händen hielt. Schwarz war das Gesicht dieses Holzmännleins. Schwarz waren die Gesichter der Hauer unter Tage. Zwei dünne Kabel führten von dem Presslufthammer in eine kleine Kiste, auf der das Männlein nicht stand, sondern hockte. Wie er den Bohrer hebt und senkt! Und wie das brummt und rattert, als würde das hockende Männlein den Kopf des Presslufthammers tatsächlich in das Flöz treiben.

»Strecken sind niedrig, da watschelten wir erst wie die Hasen und dann krochen wir wie die Schlangen. Wir fuhren immer tiefer in den Berg.«

»Fahren, Großvater?«

»Der Bergmann fährt, alles, all unsere Bewegungen unter Tage sind ein Fahren in den Berg. Ob wir watscheln oder kriechen, wir fahren. All unsere Bewegungen …«

Die Grubenlampe des Mannes leuchtete auf, und kurz schien es, er würde sich vorbeugen, abducken, hatte der Junge nicht auf einen Knopf auf der hölzernen Kiste gedrückt, in die die Kabel führten? Der alte Mann, der auf der Bank vor dem Pflegeheim saß, hockte sich auf den Boden und begann zwischen den Parkbänken hin und her zu watscheln, kroch sogar unter eine der Parkbänke, »und über dir der First, der dich in die Knie zwingt, der dich watscheln lässt«, und der Junge lachte in die Stille des leeren Arbeitszimmers hinein, als die kleine Grubenlampe auf dem Kopf des Männleins aufleuchtete und sein schwarzes, staubiges Gesicht erhellte. »Und dieser Fürst, hat der denn was mit der Königin der Tiefe zu tun?«

»Über dem First ist der Berg, mein Junge, und deine Sohle berührt die steinerne Sohle des Bergs.«

Aber wenn er durch eine der Strecken kroch, wo kam dann der Luftzug her? Vielleicht bildete er sich den nur ein, es war doch so heiß gewesen. Aber die Strecken wurden natürlich belüftet, so hatte sein Großvater es ihm erzählt. »Früher gab es Wetterstollen, dort in der Nähe tauchte es meist auf, verirrtes Licht. Aber es konnte dir auch tief im Berg begegnen.« Sollte er nicht umkehren? Oder war er schon längst umgekehrt? Er kroch weiter, eine alte verlassene und ausgebeutete Strecke, wie sollte er da Erz finden, die Schätze finden, von denen der alte Bergmann soviel erzählt hatte.

»Hörst du das Junge?«

»Nein, Großvater, was meinst du.«

»Das Klingen, die Glöckchen, die vielen Glöckchen.«

»Nein.«

»Du musst genau hinhören.« Und der alte Bergmann, der sein Großvater war, wies auf die Hänge und Gipfel, die hinter dem Pflegeheim zu sehen waren. Er saß neben ihm auf der Bank und baumelte mit den Beinen und hatte Angst, dass der Alte wieder über den Boden kriechen würde. Obwohl er lachen musste beim letzten Mal. »Da watschelten wir wie die Hasen.«

»Du meinst Enten, Großvater.«

»Nein, Hasen. Wie die Hasen. Oder hast du schon mal Enten im Berg gesehen?«

»Ich war noch nie im Berg.«

»Vöglein im Käfig, ja. Wegen den Gasen, verstehst du, Junge. Aber einmal traf ich tief unten einen Hasen. Der hatte sich wohl verlaufen. War wohl durch einen Wetterstollen gekommen.«

Er konnte sich kaum noch erinnern, wie er den Weg in den Berg gefunden hatte. Am Morgen, als Großmutter einkaufen ging, war er aufgebrochen. Hatte die Lampe, eine Flasche Wasser und etwas Brot in einen alten Militärrucksack gepackt, der ihm viel zu groß war. Als er wieder nach seiner Uhr schauen wollte in der Dunkelheit des Stollens oder der Strecke, spürte er, dass das Glas zerbrochen war, und er fühlte die kleinen Augen der Katze zwischen und unter dem zerbrochenen Glas. Ein Lichtpunkt stieg auf, beleuchtete einige Sekunden die Felsen um ihn, bevor er erlosch. Er musste die Uhr beim mühsamen Vorwärtskriechen oben am felsigen First oder auf der felsigen Sohle, über die er kroch, zerschlagen haben. Er spürte, dass seine Hosen überall aufgerissen waren. Die Uhr hatte ihm Mutter zum Schulanfang geschenkt. TICK TACK läuft er mit Mutter durch den Tunnel, der unter der großen mehrspurigen Straße hindurch zum Busbahnhof führt. »Heut wolln wir zum Opa fahrn, zur Oma und zum Opa fahrn«, singt er leise. Opa ist krank, sagt Mutter. Die Schritte hallen im Tunnel, und es scheint ihm, er könnte sein Lied noch hören, obwohl er nicht mehr singt. »Heut wolln wir ...« Die meisten Lampen im Tunnel sind kaputt, Wasser tropft von der Decke, die manchmal vibriert, wenn über ihnen der Verkehr zunimmt, auf Grün gestellte Ampeln, Lastwagen dröhnen über den Asphalt und die Betondecke des Tunnels vibriert, er bleibt stehen, er hört sie gern, diese gedämpften Geräusche von oben, aber Mutter zieht ihn weiter Richtung Treppe, eine kleine eiserne Tür in der Wand, direkt neben ihm, alt und verrostet, wo führt die hin? Gänge und Tunnel unter der Stadt, man erzählt sich Geschichten über Bunker und Hallen unter der Stadt, diese Geschichten vermischen sich mit Großvaters Geschichten in seinem Kopf, er berührt die Tür und die nasse kalte Wand, aber Mutter zieht ihn weiter. Sie weiß, dass er dort hinein will. Und sie schimpft mit Großvater, wenn er die Geschichten von der Königin der Tiefe erzählt.

»Manche nennen sie die Kupferkönigin.«

Als er die Schubfächer des Schreibtisches öffnet, findet er flache Scheiben eines rötlichen Gesteins, das sich seltsam rau und glatt zugleich anfühlt. Und in dem Gestein sieht er die Abdrücke von kleinen Fischen, die schuppigen Körper sind gekrümmt, als wären sie voller Angst vor irgendetwas geflohen, *in einem Bächlein schnelle,* auf anderen rötlichen flachen Steinen sieht er Abdrücke von Pflanzen, uralte Blumen, Farne, gestreifte und seltsam gemusterte Blüten und Blätter, Urfarne, aber am meisten beeindrucken ihn die Fische. Immer wieder fährt er mit den Fingern durch diese Abdrücke, über die Körper, die an manchen Stellen silbern glänzen, die Köpfe und die Augen kann er genau erkennen, manchmal auch den geöffneten Mund, wie alt sie wohl sind, was sie gesehen haben, bevor sie in diese Steine gepresst wurden?

Eine der Fischversteinerungen hatte er mitgenommen, hatte sie ganz unten in seinem kleinen Kinderkoffer versteckt. Und auf der Heimfahrt im Bus hatte er vorsichtig, so dass Mutter es nicht merkte, den kleinen Koffer, der auf seinen Knien lag, geöffnet, und hatte den flachen Stein mit der Hand befühlt, war mit den Fingern durch die silbernen Linien des Fisches gefahren.

Er versteckt den Fisch unten im Keller. Er glaubt, dass der Fisch in die Tiefe gehört. Dass er der Königin gehört. Er kriecht durch einen schmalen Gang, der verbindet die Keller des Wohnblocks. Man konnte dort hindurchkriechen, wenn eine Bombe das Haus zermalmt hatte. Es gab eine Stelle, ganz hinten an der Wand, dort waren einige Ziegel mit Kreide gekennzeichnet. Die ließen sich lockern mit einem Hammer und leicht entfernen. Und er kroch mit dem Urzeitfisch in die schmale Öffnung. Der Nachbar erzählte manchmal von den Bombennächten, er war fast so alt wie Großvater. Es ist kalt und nass in dieser Strecke, dabei müsste es doch heiß und stickig sein.

Er kriecht weiter, immer weiter. Er hört Stimmen. Ist das seine Mutter, die ihn ruft?

»Komm doch da raus, Junge, was willst du denn da unten, was willst du denn da drin?«

Mit der Taschenlampe leuchtet er auf seine Uhr. Die ist stehengeblieben. Er weiß nicht, wie lange er schon im Berg ist. Wenn er zurückkriecht, ist dort der Keller. Er darf nicht einschlafen. Wenn er zurückkriecht, ist dort eine metallene Tür. Wieso trägt er eine Stirnlampe? Und wieder hört er das Rufen seiner Mutter aus der Ferne. »Wo bist du?«

Die Stirnlampe ist eine Taschenlampe. Das Licht wird schwächer. Er hätte die Batterien wechseln müssen. Im Tunnel, der die Keller miteinander verbindet, im Keller, wo sein Urzeitfisch lebt, liest er Bücher im Licht der Taschenlampe, liest von der großen Höhle der Knochen, die Nac, der Regengott der Mayas, einst erschuf, träumt, wie er in diesen großen mit Wasser gefüllten Karsthöhlen schwebt, Lichtstrahlen durchdringen das Wasser, das so blau, so hell und blau ist, wie er Wasser als Kind immer malte mit blauer Wasserfarbe, und dann schimmert es wieder grün, und in dem Licht, das durch die Öffnung über ihm fällt, erkennt er, dass er in einer riesigen Glocke aus Stein, aus Fels schwimmt und ganz langsam immer tiefer sinkt, kein Grund in Sicht, breiter und breiter wird diese glockenförmige Höhle. Graublau schimmern die felsigen Wände, noch dringen die Strahlen des Lichts zu ihm. Und er hat keine Angst vor den Knochen, die auf dem Grund der Höhle ruhen, seit wie vielen Jahrhunderten und länger noch? Und er betrachtet im schwächer werdenden Licht die Fotos der Höhlen in seinen

Büchern, Tropfsteine, unterirdische Flüsse, die große Höhle von Pazin, Höhlenmalereien, liest von den Pionieren der Höhlenforscher, der Speläologen, er ist das einzige Mitglied im *Klub der jungen Höhlenforscher*, den er gründet, und er sitzt allein im Keller, liegt bei seinem Urzeitfisch und kriecht immer weiter und kriecht durch die Katakomben unter der Stadt, und wieder hört er Stimmen und kriecht auf die Stimmen zu, nein, das ist nicht seine Mutter. Dunkelheit. Er spürt, dass kleine kalte Tropfen seinen Kopf und seinen Hals treffen. Er hat so einen Durst und hebt den Kopf und versucht, sie mit der Zunge zu fangen. Und plötzlich beginnen die Tropfen zu leuchten, und er sieht kleine strahlende Perlen, die von der Decke des Ganges TICK TACK auf den Boden fallen und dort in einem letzten Aufblinken zerplatzen, und er sieht, wie der Gang vor ihm breiter wird und hört nun immer deutlicher die laute Stimme und …

II Verirrtes Licht

»Die speläologische Gesellschaft ist ein Astronaut, der nicht in die Tiefen des Alls vordringt, sondern in die Tiefen der Erde. Dort finden wir den Ursprung. Dort finden wir Spuren, die unseren Wissenschaftlern, derer Viele in der Gesellschaft vereint sind und auch selbst schlurfend, also kriechend, forschen, helfen, die Höhlen, aus denen wir gekommen sind, zu finden. Die speläologische Gesellschaft ...«

Die Stimme des Mannes überschlug sich, klang kindlich und schrill, und der Mann holte Atem und stützte sich kurz auf seinem Pult ab. Nein, das war kein Pult, der Präsident der speläologischen Gesellschaft stand an einem kalkweißen V-förmigen Stalagmit, der vor ihm aus dem Boden wuchs, eine aufgeschlagene Mappe lag auf dem Kopf des Stalagmit, und über dem Mann hingen ebenso kalkweiß und dann doch wieder gelblich und viele andere Farben spiegelnd und glänzend wie feuchtes Glas, unzählige Stalaktiten. Dünne, dicke, pfeilförmige, seltsam geringelte Stalaktiten, wieder andere dieser Tropfsteine endeten in dicken Knubbeln, andere sahen aus wie erigierte Schwänze, *Ein Pullermann aus Stein!, rief ein Junge unter einer Bettdecke,* und dort eine kleine große lange Klitoris aus Stein, tropfend aus zwei dicken Lippen, sich immer weiter formend, Eiszapfen, beinahe durchsichtig, schmelzend und wieder gefrierend, unabhängig von der Temperatur, Tropfen an den Spitzen, die dort schon seit Jahrzehnten zu hängen schienen, kalkweiße dünne Stangen, die sich in grotesken Gebilden trafen, wie blanke Knochen, die aus der Decke dieser Höhle wuchsen und miteinander zu unbekannten Skeletten verwucherten, und hinter dem pultähnlichem Stalagmtit, an dem der Präsident der speläologischen Gesellschaft e. V. stand, wuchs groß wie ein außerirdisches Lebewesen ..., denn winzig sah der Präsident der Gesellschaft vor diesem weißen Turm aus, ein Körper, von oben genährt und von unten über Jahrhunderte aufgetropft ... wuchs riesig der Prinz, der Fürst ... trug ein glockenförmiges Kleid aus weißem Calcit. Die Königin der Tiefe?

Aber als er nach der Rede des Präsidenten dort herantrat und diesen riesigen Stein, der sich seltsam rau und glatt zugleich anfühlte, berührte in all seinen Verwinkelungen, wusste er, dass es keine Königin sein konnte. Die Tropfsteinhöhle lag viel zu dicht an der Oberfläche. Und er spürte das Brodeln des erstarrten Wassers und des Calcits unter seiner Hand, die Jahre, Jahrhunderte, die dort hindurchflossen, hindurchgeflossen waren. Getropft. TICK TACK. Oben und unten hatten sie sich zu etwas verbunden, das am Ende doch keiner bei dieser Versammlung begriffen hatte. Versteinerungen, die sich berührten. »Der Prinz«, so nannten sie dieses Gebilde in der Halle der großen Tropfsteinhöhle, in der sie tagten.

»Möge der Prinz dieser Höhle uns leiten, uns immer den Weg weisen!« rief der Vorsitzende der speläologischen Gesellschaft, und wieder überschlug sich seine Stimme fast. »Und um es mit den Worten eines großen Dichters auszudrücken, liebe Speläologen und Mitstreiter, Worte, die auch all unsere Gefahren beinhalten, die wir auf uns nahmen und auf uns nehmen im Dienste der Speläologie, unserer geliebten Wissenschaft.«

Er machte eine Pause, blickte über die Anwesenden, die dicht an dicht in der Höhle standen. Blickte auf die Wände der Tropfsteinhöhle, sinnend neigte der Präsident der speläologischen Gesellschaft den Kopf, blickte auf die Stalaktiten über ihm, bis jemand aus der Menge rief: »Die Worte, die Worte des Dichters, Herr Präsident.«

Und der Präsident der speläologischenGesellschaft schien aus seiner Trance zu erwachen, straffte seinen Körper und hob beide Hände wie ein Dirigent: »Unten liegt mein Schatz, mein Leben, mein alles! ... da will ich wühlen und bohren und arbeiten und das Licht des Tages fürder nicht mehr schauen.« Seine Stimme verhallte in der großen Tropfsteinhöhle, und dann war es still, nur das leise, stetige Tropfen der Stalaktiten war zu hören, TICK TACK, dann setzte langsam der Applaus ein, die Mitglieder der speläologischen Gesellschaft applaudierten ihrem Präsidenten, der abwehrend, aber lächelnd, beschwichtigend die ausgebreiteten Hände auf und ab bewegte. Dann mischten sich erste Rufe unter den Applaus, der dann weniger wurde, bis die Menge geschlossen als Zeichen ihrer Anerkennung den Kampfruf der speläologischen Gesellschaft ausstieß: »Schlufen! Schlufen! Schlufen!«

Und der Präsident drehte sich um und umarmte den steinernen Leib des Prinzen.

Er stand etwas abseits und beobachtete die Menge und den Präsidenten, der den Prinz immer noch umarmte, als würden Fleisch und Stein miteinander verschmelzen.

»Aufhören!« wollte er rufen, bevor sich die ersten Tropfsteine von der Decke lösten.

Wie Steinschläge in die Menge krachten. Still ist man unter Tage, das war doch eine der wichtigsten Regeln. Still. Stalaktiten, die sich in Leiber und Köpfe bohrten. Der Prinz bewegte sich, schien zu schwanken, was verdammt noch mal war hier los? »Wach auf, mein Junge, wir müssen in den Berg.«

Er wusste plötzlich, während er auf die riesige schwankende Gestalt blickte, dass es eine Prinzessin und ein Prinz waren, die miteinander verschmolzen. Ineinander flossen, aber nie zueinander kommend in ihrer Erstarrung.

»Was ist die Königin der Tiefe, Großvater?«

»Man kann sie nicht beschreiben, mein Junge. Sie ist alles. Reichtum, Schönheit, Angst, Leben, Tod.«

»Und hast du sie einmal gesehen, Großvater?«

»Nein, mein Junge, nein. Entweder du stirbst, wenn du sie siehst, oder sie belohnt dich mit unendlichem Reichtum.«

»Mit Gold, Großvater?«

»Gold?« Der alte Bergmann, der sein Großvater war, winkte ab. »Ich hab sie nie gesehen. Aber sie hat mich oft gelockt. Mit ihren Glöckchen, die sind in ihr Kleid eingenäht. Sie will, dass wir zu ihr kommen und bei ihr bleiben.«

Und der Junge hat Angst, dass der alte Bergmann wieder über den Boden kriechen wird.

Sie sitzen im Park vor dem Pflegeheim und der Alte sinkt in sich zusammen, scheint eingeschlafen zu sein, und der Junge schaut auf die Berge, die sich hinter den Häusern der kleinen Stadt erheben. »Verschwinde, du Miststück«, ruft der Alte plötzlich und schreckt hoch und hält sich mit beiden Händen die Ohren zu, »mich kriegst du nicht, du Hure! Da kannst du klingeln und läuten – – – mich nicht!«

Und der Junge rennt weg. Der alte Bergmann schreit hinter ihm her mit seltsam hoher, fast schon schriller Stimme, und er rennt weiter voller Angst. Er rennt durch den langen, dunklen Tunnel unter der mehrspurigen Schnellstraße, Stimmen und Schritte hinter sich. Er rennt schneller. Aber der Tunnel wird immer länger. Und dann hört er ein Rauschen. Wasser schießt in den Tunnel, wie eine gewaltige Woge trifft es ihn am Rücken und wirft ihn um, der Tunnel füllt sich mit Wasser, die Strudel reißen ihn mit, er hat noch einmal tief Luft geholt, hatte er nicht irgendwann als Kind in der Höhle der Knochen geschwebt?, im Wasser, und dort war ihm, als hätte er Kiemen, ein Fisch, im Stein erstickt und in den Schiefer gepresst, vorsichtig strich er über die fein gewölbte, silbern schimmernde Rückenflosse des Fisches ..., die Strudel reißen ihn mit, er versucht sich an der Klinke der eisernen, rostigen Tür festzuhalten, die Tür öffnet sich und der Strahl seiner Stirnlampe dringt in den dunklen mit Wasser gefüllten Raum, der ein weiterer Tunnel ist, der alte Bergmann schwebt dort im Wasser, einige Meter vor ihm, der Strahl der Stirnlampe gleitet über das Gesicht des Alten und seinen offenen Mund. Der Alte hängt an einem Seil, seltsam lang sein Hals und der Mund weit geöffnet, er trägt seine alte traditionelle Bergmannsuniform und sein Körper wird von der Strömung hin und hergeworfen und ein Fisch mit leeren Augenhöhlen kommt langsam aus seinem Mund. »Großvater!«

Er ringt nach Luft. Atmet tief ein und dann wieder aus. Er ist nun endlich wach. Schaltet seine Stirnlampe ein. Schwaches Glimmen, aber er muss irgendwo noch eine Ersatzlampe haben. Er tastet um sich. Kein Seil. Er bewegt seinen Kopf mit dem schwachen Licht der Lampe. Ein Stechen in seinem Kopf, das Bild verschwimmt für einige Sekunden, weiße Blitze an den Rändern, der Gang ist schmal und eng, kurz scheint es ihm, er würde zwischen den felsigen Wänden stecken, aber er hebt die Arme und bewegt die Beine, der Gang ist breit und hoch genug, ein Stechen in seinem Kopf, dann plötzlich wieder ein Blitz, als würde ihn jemand mit einer Kamera aus dem Dunkel heraus fotografieren, er schließt die Augen, er tastet vorsichtig durch seine Haare, die hart und verkrustet sind. Sein Kopf ist hinten links geschwollen, er spürt seinen Pulsschlag unter der Schwellung, spürt sein Herz, unregelmäßig schlägt es, stolpert es, links links, schluft es, schwach TICK TACK und dann wieder so stark (rechts ist es kalt und ruhig und sein rechtes Auge ist geschlossen), dass es seine ganze linke Körperhälfte erschüttert, Bumm Bumm.

Ein Stein schlug auf Ihren Helm, spaltete ihn? – – – Ja, ja.

Er trägt keinen Helm mehr, die Lampe sitzt direkt auf seiner nassen Haut. Er spürt die Kälte. Irgendwo sind sie durch ein Band aus Schnee gekrochen, gesichert an den Seilen. Wann war das? Und wo ist der andere hin? Und wer war der andere? Er dreht sich auf den Rücken. Es scheint ihm, als wäre er immer weiter gekrochen, während er schlief. Ganz ohne Bewusstsein war. Das Leuchten des Schnees in der dunklen Höhle. Das Licht zweier Stirnlampen auf diesem Band aus Schnee. Das muss zu Beginn des Abstiegs gewesen sein. Er tastet auf seinen Rücken, der Rucksack ist noch da, fühlt sich aber leer und schlaff an. Er hat immer eine zweite Stirnlampe dabei. Und eine kleine Stabtaschenlampe. Vielleicht war die noch da in einer der Rucksacktaschen. Kurz dämmerte er wieder weg und spürte, wie sich seine Beine und Arme bewegten und er anfing, langsam zu kriechen. »Stopp«, flüsterte er, »warte doch auf mich. Wohin denn ...«

Er wusste nicht, wo das letzte Biwak war. Sie hatten in den letzten Jahren die Höhle mit einem Biwak-System durchzogen. Hatten Führungen für das Seil in den Fels gehauen, denn es gab Abgründe, Schlünde, große zerklüftete Hallen, die plötzlich auftauchten und deren Wände im Licht der Stirnlampen silbern glänzten, Porphyr, Schiefer, Granit, tropfendes Wasser. Es gab ja sogar ein Funksystem, das die Speläologen warnte, wenn über den Bergen ein Gewitter heraufzog. Manche der Gänge konnten in kurzer Zeit volllaufen, sich in unterirdische Bäche und Ströme verwandeln, alles mitreißen, tief in die Höhle hinein. In den unerforschten Grund.

Irgendwo vor sich sieht er Licht. Kamen sie, um ihn zu holen? Aber das musste Tage dauern, bis sie zu ihm vordringen konnten, eintausend Meter unter der Erde. Aber er konnte seit Tagen und Wochen hier unten sein. »Wo kackt eigentlich ein Höhlenforscher?« hatte ihn seine Verlobte einmal gefragt. »Was?«

»Na wenn ihr mal müsst. Wenn's euch überkommt. Groß oder klein.«

»Groß oder klein.«

»Ja. Vor allem groß. Du kletterst und kriechst ... Du schlufst, wie du immer sagst, und plötzlich ...«

»Da gibt es keine einheitlichen Regeln. Aber wir wollen den Berg nicht verschmutzen. Es gibt kleine Beutelchen. Und in den riesigen Höhlen gibt es so eine Art chemische Klo-Kisten in den Biwaks.«

»Ah ja. Weiß du, weil man doch nie was davon hört. Genau wie bei den Raumfahrern.«

Wo war sie jetzt? Sie hatte ihn nie in den Berg begleitet, war nie mit ihm in die Tiefe gestiegen. Zwei Ringe mit rotem Almandin. Er hatte sie in Polen kennengelernt, in Krakau. Nein, Warschau. Au, au ... echos in seinem Kopf. In den Höhlen. Die Universität. Ein Treffen deutscher und polnischer Geologen. Seine Dolmetscherin. Schöne Frau. In welcher polnischen Stadt war er in die Katakomben unter den Straßen gestiegen? Und wie viele Jahre war das jetzt her? So einen Blödsinn hatte er doch nur gemacht, als er jung war. Was wollte er dort unten? Den Menschen nachspüren, die unter die Erde gingen, weil oben die Hölle war? *Hölle Hölle Hölle Höhle ...* Vierundvierzig, Fünfundvierzig ... Er wusste es nicht mehr genau. Und durch welches Jahr kroch er jetzt? Zweitausend, aufwärts. Glimmerschiefer, Granulit und Gneis. Funkelnd wie Silber im Licht. Nichts davon sollte es hier unten geben. Zwei rote Almandine, zwei Augen. Blut.

Eine kleine Taschenlampe liegt ein paar Meter vor ihm in dem leicht abfallenden Schacht. Der Lichtstrahl fährt ihm direkt ins Gesicht und wieder schmerzt ihm der Kopf. Das rechte Auge kann er nicht öffnen. Er spürt, wie das Lied zuckt. Das ist seine Lampe. Seine kleine Stabtaschenlampe. Er muss sie hier verloren haben, irgendwann zuvor. Das Licht brennt noch hell, es kann also noch nicht allzu lange her sein. Er muss von der Lampe weggekrochen sein und dann wieder zu ihr hin. Oder im Kreis herum? Wie damals im Berg. Als er ein kleiner Junge war. Er griff nach der Lampe, schaltete sie aus. Schaltete sie an. Ein flackerndes gelbes Leuchten, dann sah er, wie nur noch die Drähte in der kleinen Glühbirne einen Rest Licht in sich trugen, ein letztes rotes Verglimmen, aber er hatte keine Angst vor der Dunkelheit.

»Wo bist du Junge, komm zurück!«

»Ich will die Königin suchen, Großvater.«

»Was für eine Königin, Junge?«

»Die Königin der Tiefe.«

Sein Großvater war zu ihm gekommen und hatte ihn aus dem Berg geholt. War durch den Schacht und durch Stollen und Strecken geirrt, bis er ihn gefunden hatte. Die alten Kupfergruben unter der kleinen Stadt waren unergründlich. Am Stadtrand sanken einige Häuser und Grundstücke leicht ab, die Kulturschicht gab nach, weil sie alles untergraben hatten auf der Suche nach Erz.

»Die Kulturschicht: Müll, Asphalt, Beton, Ziegel. Dann Tonstein und Sand. Und darunter Buntsandstein und Muschelkalk, dann Anthrite, Stinkschiefer, Salze, Zechsteinkalk …«

»Gut, Junge. Und was schläft im Flöz?«

»Das Kupfer. Und Silber. Und Nickel, Kobalt …«

»Und wie heißt die oberste Schicht des Flözes?«

»Schwarze Berge, Großvater.«

Und wieder hallten seine Worte durch den schmalen Schacht, der sich vor ihm jetzt aber zu verbreitern schien, »Schwarze Berge … Berge … schwarze … Berge … schwarze Berge …«, er musste sich irgendwo zwischen Biwak 6 und Biwak 7 befinden.

Hatte ihn sein Begleiter, wer immer das auch gewesen sein mag, nicht am Biwak 5 verlassen, ihn dort eingelagert und notversorgt, und war aufgebrochen, um Hilfe zu holen? Am Biwak 6 konnte er Funksprüche empfangen über die Antenne, die sie durch den Berg gelegt hatten. Die große Höhle. Hinterm Biwak 7 begann das Unbekannte. Keiner wusste, wie weit sich die Gänge dort noch verzweigten. Einige glaubten sogar, irgendwo würde das Höhlensystem wieder zum Licht führen.

Aber auch zwischen Biwak 6 und Biwak 7 führten unzählige Gänge und Schächte immer tiefer in den Grund.

Er konnte sich nicht erinnern, wann er das letzte Mal beim Biwak 7 gewesen war.

Wo hatte ihn der Steinschlag erwischt? Schon beim Abstieg? Ganz unten vielleicht. Neunhundert Meter, absteigend. Unmöglich, dann wäre er nicht so weit gekommen. Vielleicht in einer der großen Senken bei Biwak 6, von denen sich manche zu Hallen erweiterten. Und vielleicht war der Andere, wer immer er auch war, gar nicht aufgebrochen, um Hilfe zu holen, sondern lag irgendwo zerschmettert in der Tiefe. Oder mit gespaltenem Helm nicht weit von ihm entfernt.

Doch, einmal war sie mit ihm unter Tage gewesen, seine polnische Verlobte, aber das waren die Katakomben von Warschau. Der Großonkel eines seiner Studenten hatte sie geführt.

Kilometerlange Tunnel. Sie trugen Gummistiefel, denn oft wateten sie durch dunkle morastige Ströme aus Klär. Und der Großonkel war einst selbst dort unten gewesen. Vierundvierzig. »Was willst du hier, Lieber. Ich fürchte mich.«

»Der Mensch strebt in den Grund. Immer schon. Wir kommen aus den Höhlen und fahren in die Höhlen.«

»Aber hier unten sind Menschen gestorben.«

»Ja. So wie oben.« Sie finden Zeichnungen und Sprüche an den Wänden, Abschiede und Hoffnungen. Sie übersetzt es ihm. *Sagt meiner Mutter ...* Der Rest des Satzes ist nicht mehr zu erkennen. *Andrej war hier. Noch ist Polen nicht verloren. Für die Heimat, für die Freiheit.* Jahreszahlen. Einen verrosteten Helm. Patronenhülsen. Artefakte. Sie stehen an einem Gitter zu einem Fluss. Sie können nicht hinaus. Sie umarmen sich. Später sehen sie die Szene in einem kleinen Kino. Schwarz weiß. Die Beiden werden dort sterben. In den Katakomben unter der Stadt. Sie umarmen sich. Er erzählt ihr, wie er einmal als Kind in den Katakomben *seiner* Stadt gewesen war. Mit einem Schulfreund war es ihm gelungen, die eiserne Tür zu öffnen, im Tunnel, der unter der mehrspurigen Straße im Stadtzentrum hindurchführte. Sein Freund war weggerannt, als er mit seiner Stabtaschenlampe in den dunklen Raum leuchtete, und so ging er allein ein paar Schritte, Wände links und Rechts, Spinnweben, aber vor ihm berührte das Licht seiner Stabtaschenlampe keine Mauern, verlor sich in der Dunkelheit, und er ging langsam weiter. Er zog die Tür hinter sich zu. Über ihm donnerte der Nachmittagsverkehr, aber nach einer Weile war da nur noch das leise Geräusch seiner Schritte.

Wenn nur die Kälte nicht wäre. Im Biwak gab es Schlafsäcke und Isoliermatten und Campingkocher. Er hielt die Stabtaschenlampe umklammert und kroch langsam über die felsige kalte Sohle. Auf einem flachen Stein, den der Strahl seiner Lampe streifte, stand etwas. *Sagt meiner Mutter …* Aber das konnte nicht sein. Seine Mutter war schon lange tot. Wem sollte er eine Nachricht hinterlassen? Seiner Frau, seiner Verlobten, die waren schon seit Jahren verschwunden. »Warum nur willst du immer in diese Tiefe, Lieber?«

»Ich habe damals in einem der Tunnel eine Station des Geheimdienstes entdeckt.«

»Unter deiner Stadt?«

»Ja, als ich als Kind dort war. Das war in einer anderen Zeit. Ganz in der Nähe des Busbahnhofs. Sie hatten riesige Abhöranlagen in den Gängen. Sie hätten mich fast entdeckt. Aber ich finde immer wieder einen Weg nach oben …« Hatte er nicht ein Kind irgendwo dort oben, einen kleinen Jungen, dem er *Tom Sawyers Abenteuer* geschenkt hatte … Nein. Er zitterte, die Lampe fiel ihm aus der Hand, seine Finger waren taub und nass und sahen dunkel aus, nur der Zeigefinger glänzte seltsam weiß. Kalkstein. Sein Atem dampfte. Er hatte schneebedeckte Felsenbalkons gesehen, bei ihrem Abstieg. Er erinnerte sich an eine Halle, die sie durchquerten, mit einem kleinen See, die war noch nicht kartographiert gewesen. Sie hatten sich vom Hauptgang abgeseilt, einen steilen Schacht erforscht, der in einen kleinen Gang mündete, der sie dann zur Halle führte. Eiskalt war das Wasser des Sees. Sie hatten ein paar Proben genommen, hatten lange vor dem Wasser gehockt und auf das Wasser gestarrt. »Da schwimmt etwas!«

»Wo denn?«

»Dort, ein Fisch!«

»Hier unten? Fische finden wir nur in den Wänden.«

Aber es war tatsächlich ein Fisch gewesen, aber tot und halb verwest schwamm er auf dem Wasser. Silbern und bunt glänzte seine schuppige Haut im Licht ihrer Lampen, weiße Gräten stachen aus seinem zerfallenden Leib. Die Schmelzwasserströme des Frühjahrs mussten ihn hierher gebracht haben. Vielleicht hatte er sogar noch gelebt, aber was sollte er auch an Nahrung finden, tausend Meter in der Tiefe. Hatten sie nicht sogar etwas von dem Wasser getrunken, bevor sie den toten Fisch entdeckten? Nein. Nichts trinken, was so tief liegt und nicht fließt. Er leckte etwas Wasser von einem flachen Stein. So kalt waren dieser Stein und das Wasser, dass er erst dachte, seine Zunge würde festkleben. Das Messer, das er immer am Gürtel trug, ziehen und die Zunge vom Fels schneiden und weiter schlufen, immer weiter schlufen. Er lachte und zitterte und lachte, und spürte und hörte wie sein Lachen in alle Gänge und Schächte der unerforschten Höhle vor ihm drang, wie ein Echolot, er spürte die Verästelungen der kleinen Gänge und Schächte, große Hallen, unterirdische Seen, sein Lachen kräuselte das Wasser, Ringe auf der Oberfläche, Urzeitfische, die noch nie ein Mensch gesehen hatte. »Siehst du seine Augen? Wie zugewachsen. Er ist erblindet in der Dunkelheit.«

Er befühlt sein rechtes Auge. Er berührt den Augapfel mit dem Zeigefinger, sein Auge ist offen, aber er sieht nichts. Er erbricht sich, und sein Atem dampft. Rot. Wenn nur diese verdammte Kälte nicht wäre.

Je tiefer sie in die Stollen seiner Jugend drangen, um das Erz abzubauen, um so heißer und stickiger wurde es im Berg. Er hatte damals schon bemerkt, dass ihm der Bergbau nicht genügte. »Aber Bergbau ist ehrlich, Junge. Ich bin Bergmann, wer ist mehr! Weißt du noch. Und nun sieh dich jetzt an, du kriechst unter die Erde, schlägst dir die Höhlen nicht mehr selbst in den Stein, und du kommst mit nichts zurück!«

»Sei still, Großvater. Ich habe doch Erz gefördert, als ich jung war. Ich bin auf der berühmten Bergakademie gewesen … Unter der Erde ist das Bilderbuch des Lebens.«

III Under Ground

Auf der Bergakademie hatte er den berühmten Ofterdingen getroffen, der dort schon hundertfünfzig Jahre durch die Stollen und Stecken wanderte, der berühmte Dichter, der die Königin der Tiefe suchte. Einmal hatte er gesehen, wie dieser kleine Mann wie Atlas den Berg trug. Der alte Ofterdingen wechselte einen der Stahlstempel aus, die wie Säulen links und rechts des Strebs standen, er schob seine Schulter unter die Querplatte, die zwischen dem Stempel und dem First liegt, und für einen kurzen Moment trug er den Berg auf seiner Schulter. Er war ihm beigesprungen, und gemeinsam stemmten sie den Stempel und trugen den Berg. Und als er dem Alten aus dem Spalt helfen wollte, blieb dieser, und fast schien es, als wäre er mit dem Stahlstempel verwachsen, als wäre er der Stempel geworden. »Fahr du nur weiter, Junge, ich ruhe mich hier etwas aus.«

Sie fuhren in die Tiefe, gewannen Neuland in der Tiefe, die irgendwann einmal die Oberfläche gewesen war, bevor die Erde sich zu falten begann, holten das schlafende Erz aus dem Flöz. So wie sein Großvater das schlafende Erz gefördert hatte, bevor er alt und verrückt wurde und im Berg verschwand. Einfuhr, wie man sagt. Als er den kleinen Jungen suchte.

»Aber nein, du hast mich geholt, Großvater, du hast mich gerettet.«

»Die einen sagen so, die anderen sagen so. Ich bin nur noch ein Abdruck im Fels.«

Er war dem Luftzug gefolgt, war im Mund der Grube wieder zu sich gekommen, hatte von dort aus die kleine Stadt im Tal gesehen, konnte sogar das Pflegeheim erkennen, hatte auf dem Rücken gelegen und in den Himmel geblickt. *Auf die steinige Halde habe ich mich gelegt / auf die rippigen schrundigen Schiefer die sie der Erde / ausgebrochen haben – – –*

Er kroch weiter, manchmal schien es ihm, er würde aufrecht gehen. Fahren. So nannten sie es. Damals. Als er seine Lehre unter Tage machte. An der Bergakademie.

Wann hatte er seine erste Höhle erforscht? *Tektonisch und Hydrologisch, das ist wohl Gott, der seinen eigenen Bergbau betrieb ... Fahr dort ein, suche dort – – – Bist du das, Ofterdingen?*

Wo hatte er seine erste Höhle erforscht? War er in der Höhle von Panzin gewesen? Während der Kriege? Etwas Rotes vor ihm. Er versucht, es mit dem Strahl der Taschenlampe einzufangen. Rötlich braun schimmern die Wände, dort wo der Strahl der Lampe sie berührt. Kurz weiß er nicht, wo er ist und wann er ist und tastet nach seiner Uhr, auf deren Ziffernblatt die kleine Katze mit den Augen wackelt. TICK TACK. Rötlich braun schimmern die Wände, und wieder huscht vor ihm etwas durch den enger werdenden Höhlengang. Legenden gab es viele über diese Höhle. *Welche? Bist du in Pazin? – – – Aber was ist Pazin? Ta-*

schenlampe, Bettdecke, Bücher, keine Batterien mehr ... In dieser Dunkelheit zu erwachen, erschreckte ihn nicht.

Wenn nur die Kälte nicht wäre. Er schwitzt und hat das Gefühl, sein Schweiß würde kleine Eiskristalle bilden auf seinem Gesicht. Was war da vor ihm? Ist das endlich die Königin der Tiefe, die manche die Kupferkönigin nennen? Was für ein Unsinn ... Er kroch doch irgendwo durch die Jahre nach Zweitausend, genau konnte er es nicht datieren. Wann hatte er diesen letzten Funkspruch empfangen? »Wir kommen dich holen.«

Er greift auf seinen geschwollenen Kopf, Blut auf seiner Hand. Da war nichts, da war niemand. Da war nur er. Aber wieder erkannte er eine rot schimmernde Gestalt vor sich im Höhlengang. War nicht der Almandin blutrot gewesen? Zwei kleine Steine in zwei Ringen. Er befühlte seine klammen Finger, aber er trug keinen Ring. Seine Verlobte war schon seit vielen Jahren verschwunden, hatte die Ringe, die er vor langer Zeit für sie beide fertigen ließ, wohl mitgenommen. Nein, er war es, der verschwunden war.

»Du dringst lieber in die Erde ein, als in mich!«

»Nun reicht es aber!«

»Wir wollten zu zweit sein, ein bisschen Urlaub, ist das zu viel verlangt? Jetzt bist du nur noch bei deinem Freund Billy. Liebt ihr euch heimlich in eurer schwulen Höhle?«

»Nun reicht es aber!«

»Du dringst lieber in die Erde ein, als in mich!«

»Aber ich habe dir den Almandin geholt!«

Rot funkelnder Almandin ... Seine Lampe erlosch, er hätte die Batterien wechseln sollen. Aber die Halle wurde immer noch matt beleuchtet von den Steinen, die wie rote Augen in den felsigen Wänden glühten. Er drehte sich um, er musste den steilen Schacht hinuntergerutscht sein. Träumte er? Nein, er träumte nicht. Vor …, als er gesehen hatte, wie der Präsident der speläologischen Gesellschaft den Tropfsteinprinz umarmte, hatte er gewusst, dass er träumte.

In der Mitte der Halle, ein Stück vor ihm, saß sein alter Freund Billy, mit dem er einst in Pazin die große Höhle von Pazin erforscht hatte. Während irgendwo hinter diesen jugoslawischen Bergen der Krieg war. 1995.

»Was machst du hier, Billy?« Aber der Mann mit dem langen Bart und den langen Haaren antwortete nicht, blickte ihn nur an, umgeben von dem matten Leuchten der Almandine. Sein alter Freund Opasic-Billy hatte ihn damals in die Tiefen der Höhle von Pazin geführt. Die Höhle lag in einer riesigen Schlucht, angeblich hatte Dante selbst dort oben gestanden und die Schlucht und den Eingang der Höhle skizziert, den trichterförmigen Karst, aus dem ein kleiner Fluss entsprang. Der Eingang der Hölle in der Schlucht von Pazin.

Höhle-Höhle-Höhle-Hölle, Hölle-Hölle-Hölle-Höhle, und dann die Häääände / zum Himmel!, die Polonaise der Höhlenforscher, immer weiter, immer weiter, dem Grund zu, wir fahren, *und dann die Hände / zum Himmel* … Durch mich geht man zu dem verlornen Volke …

Er war mit Billy, der eigentlich Drago hieß, durch den ersten See der Höhle getaucht, er tauchte sonst nicht gerne, er folgte lieber den Gängen in die Tiefe, aber das Wasser war immer in den Höhlen, die Ur-Fische, die durchs Urmeer schwammen, bis die Vulkane ausbrachen und sie im flüssigen Stein erstickten.

Sie tauchten durch weitere Seen, lagerten am Rand der unterirdischen Seen, hatten die Atemmasken abgenommen, sammelten Fossile, die Karsthöhle führte tief in den Berg, sie saßen an den Ufern der unterirdischen Seen und redeten, ihre Stimmen hallten zwischen den Wänden, kleine Echos, *unten liegt mein Schatz, mein Leben.*

Er erzählte Billy von seiner Zeit als Bergmann, und Billy sagte: »Wir sollten die Erde nicht so sehr verletzen«, und er sagte: »Das tun wir doch oben am meisten«, und Billy sagte: »Da hast du recht« und erzählte von dem Krieg, der sein Land zerwühlte, wie einst der Riese, der der Legende nach, so erzählte es Billy, die Höhle vor tausenden von Jahren erschaffen hatte, das Land mit seinem gewaltigen Pflug zerwühlte, aber der wollte es wenigstens urbar machen. Er erzählte Billy, wie er als junger Mann unter Tage gelernt hatte, und wie er sich anfangs wunderte, das bei den Hauern auch Männer in roten Overalls arbeiteten, das waren Strafgefangene, die fuhren ein in den Berg und fuhren nach der Schicht wieder ein in *ihren* Berg. Und wie die Legende umging von einem Sträfling, der nicht wieder auftauchte, den sie suchten in den Stollen und Strecken. Die alten Bergmänner erzählten, wie sie ihn manchmal plötzlich sahen, wie er ihre Fahrt in den Berg kreuzte, wie der rote Overall kurz vor einer Sprengung auftauchte und wieder verschwand, und dass das Unglück brachte. Einmal wurde ein Hauer durch einen Steinschlag schwer verletzt und starb später im Krankenhaus. Auch er hatte den Roten kurz vorher gesehen, der stand in einer Nische zwischen zwei Stahlstempeln und hatte den Hauer nur schweigend angeschaut, bevor er langsam den Stollen entlang schritt und im Dämmerlicht, im Grubenlicht verschwand.

»Sie werden bald kommen«, sagte Billy und schaute ihn an. Er trug seinen Taucheranzug, die Atemmaske lag neben ihm, auch die Sauerstoffflaschen hatte er abgelegt.

»Wer wird kommen?« Er war an die Wand gekrochen und hatte sich mit dem Rücken an den nassen kalten Fels gelehnt. Er fragte sich eher, woher Billy gekommen war. Sie hatten immer vermutet, dass diese Höhle noch einen weiteren Ausgang hatte, Eingang, *durch mich geht man zu dem verlornen …*, Seen und wassergefüllte Gänge. Billy musste dort hindurchgetaucht sein.

Jetzt erst sah er, dass zwischen Billys Beinen und den Schwimmflossen an Billys Füßen eine Flasche stand, Bergmannsschnaps, guter alter Kumpeltod, nur noch halb voll, soweit er das erkennen konnte mit seinem einen Auge. Die alten Hauer und Steiger horteten diese Flaschen, den Deputatschnaps, und die Jungen, die Frischlinge, die Jungfrauen im Berg, wurden damit getauft, mussten ein großes Glas auf Ex trinken. Aber Billy, der Gründer der speläologischen Gesellschaft Istriens, Ökologe und Wanderer und Höhlenmensch, war nie ein großer Trinker gewesen, soweit er sich erinnerte, und wo hatte er diese Flasche her nach all den Jahren?

»Sie kam wie eine Flaschenpost«, sagte Billy und trank einen Schluck.

»Eine Flaschenpost«, sagte er und verstand nicht, und Billy schraubte die Flasche zu und rollte sie zu ihm rüber.

»In Pazin«, sagte Billy, »in unserer Höhle, gibt es noch einen weiteren See, unterhalb der beiden Seen, durch die ich mit dir getaucht bin. Dort finde ich all diese Dinge.«

»All diese Dinge«, sagte er und schraubte den Verschluss von der Flasche und trank. Der Schnaps war eiskalt, als hätte er jahrelang in diesen unterirdischen Strömen und Seen gelegen.

»Flaschen, Helme, Knochen, Klumpen aus Papier, kleine Schädel, Spitzhacken, Blechdosen, Schlangenhäute, Perücken, Brillengestelle, Klumpen aus Papier, alte und neue Uniformen, Mobiltelefone, aufgedunsene Plüschtiere, Gasmasken, Trainingsjacken, Vibratoren, seltsame Apparaturen, die ich nicht einordnen kann, leere Tablettenschachteln, Gebisse, kleine Anker von Binnenschiffen, neuer Plastikkram ...«

»Neue Ur-Fische«, sagte er, und Billy nickte.

Das matte Leuchten, was von den unzähligen Almandinen in den Wänden der Halle ausging, wurde nun immer matter und schwächer, als würde in ihnen das Licht, das sie von seiner und Billys Lampe gespeichert hatten, langsam verglimmen.

»Komm mit«, sagte Billy und stand auf.

Und als sie später, er konnte nun wieder aufrecht gehen und Billy stützte ihn dabei, geduckt durch einen abfallenden Gang liefen, begann das Grollen in der Ferne, vor ihnen, wo der schmale Gang abfiel.

»Was ist das«, fragte Billy. Sie standen aneinander gelehnt, aufeinander gestützt, und lauschten. In das Poltern mischte sich ein metallisches Kreischen, grollendes Poltern, das zu einem Donnern wurde, immer näher kam, durchmischt von diesem metallischen Kreischen, als würde ein viel zu großer Erzzug sich seine Bahn durch den zu engen Gang brechen. Aber es waren keine Schienen zu ihren Füßen.

Und da wusste er, was da kam, zu ihnen kam. »Der Schrapper«, sagte er.

»Was ist das?« fragte Billy wieder.

»Ich habe dir davon erzählt, als wir am Ufer des Sees rasteten, unten in der Höhle. Jetzt kommen sie.« Und er wollte es wieder erzählen, aber Billy sagte nur: »Ich weiß.« Komisch, hatte er es eben doch noch nicht gewusst. Billy schob ihn an die Felswand. Dort war eine Nische, zwischen zwei steinernen Säulen, die ihn an Stalaktiten erinnerten, aber keine Stalaktiten waren, und als sein Rücken die Wand der Höhle berührte, spürte er kühl und glatt das Metall einer Tür hinter sich. Während der Lärm immer näher kam. Seine Stirnlampe brannte wieder, saß schief auf seinem geschwollenem Kopf, und Billy hielt eine kleine Stabtaschenlampe in beiden Händen und richtete das dünne Licht auf den abfallenden Gang vor ihnen, aber dort war noch nichts zu sehen, obwohl die Höhle dröhnte, die Tür in seinem Rücken vibrierte, kleine Steine prasselten vom First auf sie nieder.

»Geh da hindurch«, sagte Billy, »du hast doch immer den Weg nach oben gefunden.«

»Und du?« Er verstand kaum, was er zu Billy sagte, wiederholte es fast schreiend, denn der Schrapper war jetzt schon sehr nah.

»Ich bin doch nur ein Abdruck im Stein.« Und dann drehte sich Billy von ihm weg, drückte ihn noch einmal an die rostige Tür, und dann sah er Billy nur noch schemenhaft hinter dem dünnen Lichtstrahl der Stabtaschenlampe. Das Licht tanzte noch eine Weile über die Wände der Höhle und verschwand dann. Nein, er sah es, bis der Schrapper es verschlang.

Der Schrapper sprang polternd auf sie zu. Ein offener, breiter Eisenkasten, der an die Wände der Höhle krachte, um schlagend an den First der Höhle zu krachen, ein eisernes Ungeheuer mit einem eisernen Maul, Erz und Gestein verschlingend, von einem Stahlseil geführt, dessen Führung er nicht erkannte und nicht verstand. Vor dem Schrapper war doch nur die Halle, und ein Stahlseil samt elektrischer Winde hatten sie dort nicht gesehen. Rot leuchteten die Almandine aus diesem Kasten, dem Maul des Schrappers.

Er stand immer noch an der Tür, hustete im Staub, und kleine und große Steine knallten wie Geschosse an die Tür und an seinen Körper und er schützte seinen Kopf mit den Händen. Er drehte sich mit dem Rücken zum Schrapper, packte die Klinke und lehnte und warf sich gegen die Tür.

Zuerst dachte er, er wäre wieder bei den Kalikumpels, bei denen er in seiner Zeit an der Bergakademie einmal gewesen war. *Die Jungfrauen im Berg,* so nannten die Kalikumpels die grünen Azubis, die zur Weiterbildung zu ihnen gekommen waren. *Bergjungs und Bergmädchen, Männer müsst ihr noch werden*! »Auf ex!«

In den Kalihallen fuhren Laster und Bagger, und diese Hallen unter der Erde, wo sie das Kalisalz abbauten, waren größer und breiter als U-Bahntunnel, waren wie unterirdische Bahnhöfe.

Das Kali trug diese Weiten, thronte über diesen Weiten, Hallen unter Rundbögen aus Salz, durch die die Laster fuhren.

Er zog die Tür zu, das war gar nicht so einfach, Gesteinsbrocken hatten sich dort verkanntet. Dann sah er, dass er sich getäuscht hatte, so groß wie damals im Kali war der Tunnel vor ihm nicht.

Und es war auch kein Bagger, den er dort erst zu sehen geglaubt hatte, eine Art Panzer stand mitten in diesem Tunnel, ein Geschütz, die Kanonenrohre zielten auf den First. Rundbögen aus Salz? Nein.

Er spürte und sah, dass er nicht allzu tief unter der Erde war. Kulturschicht. *Müll, Asphalt, Beton, Ziegel. Dann Tonstein und Sand.* Unter Tage. Unter Nacht. Die Wände waren mit Holz verschalt. Stahlstempel zwischen dem Holz.

Nacht war dort oben, wenige Meter über dem Stollen, der ein Tunnel war, Leuchtraketen erhellten diese Nacht, aber das konnte er noch nicht sehen. Kein Berg lastete auf ihm, er erkannte mehrere steile Schächte, die nach oben führten. Er sah Seilführungen ohne Seile. Er legte seine Hand auf seinen geschwollenen Kopf. Strich sich durch die verkrusteten Haare. Ein Auge war immer noch blind.

Detonationen über ihm. War das der Schrapper? Nein. Die Verschalungen ächzten, die Stempel zitterten. Sand rieselte in seine verkrusteten Haare und klebte auf seiner feuchten Stirn. Leuchtraketen erhellten die Nacht.

Er hatte sich an einem Seil, das oben am First des kleinen Seitenganges, den er gefunden hatte, entlangführte, in einen Keller gehangelt und geschwungen. Er hatte sich in eine Ecke geduckt, zwischen Kisten geduckt, weil ein Trupp Männer in den Raum stürmte. Aber sie schienen ihn nicht zu sehen, packten die Seile und glitten sehr schnell an den Seilen in den Tunnel hinab, aus dem er eben gekommen war. Sie redeten in einer Sprache, die er nicht verstand. Einige von ihnen trugen Maschinenpistolen an Gurten über der Brust, andere hatten ihre Gesichter hinter Tüchern versteckt, aber er hatte versucht, nicht genau hinzuschauen, weil er Angst hatte, sie würden ihn in diesem Kellerraum entdecken, wenn sie seine Blicke spürten.

Er war jetzt über der Kulturschicht. Oder inmitten der Kulturschicht. Als er ihren Weg, den sie gekommen waren, nach oben folgen wollte, sprang er zurück und versteckte sich wieder an der Wand. Ein anderer Trupp stürmte an ihm vorbei. Die Männer trugen Taucheranzüge und Atemmasken, wie sein alter Freund Opasic-Billy, aber dann erkannte er, dass es wohl Nachtsichtgeräte waren. So ein Nachtsichtgerät hätte er in der großen Höhle gebraucht. Der Trupp der fünf, sechs, sieben Männer verschwand so schnell in dem schmalem Schacht, der in den Tunnel führte, in dem kurz zuvor die anderen Männer verschwunden waren, wo er den Bagger mit den Kanonenrohren gesehen hatte, dass er kurz glaubte, er hätte sich geirrt und es wäre ein und der selbe Trupp gewesen. *Sie verfolgten diesen Weg, brachten tief in den tiefsten Abgründen der Höhle noch mehrere solche Zeichen an und gingen dann durch verschiedene Gänge, um Dinge zu entdecken, mit denen sie die Oberwelt verblüffen konnten – – – und der Junge zog die Bettdecke über sich.*

Er wartete und lauschte. Die Nacht war von Leuchtraketen erhellt. Rot und Weiß und Gelb. Immer wieder stiegen sie über den niedrigen Häusern auf. Detonationen erschütterten den Boden.

Wo war er? Er drückte sich an die Hauswände, ein alter Mann, der einen zerlumpten Turban trug, hockte vor ihm auf der Straße und hob seine Hände und streckte, klagend in einer Sprache, die er nicht verstand, seine Hände nach ihm aus. Ein Bettler? Aber er hatte doch nichts bei sich.

Der Alte zerrte an seinem Bein. War dicht an ihn ran gekrochen. Er nestelte die Uhr von seinem Arm und legte sie in die offenen Hände des Alten. Blut auf ihren Handflächen. Ein aufgedunsenes Plüschtier lag in der Mitte der schmalen Straße. TICK TACK. Die Augen einer kleinen Katze auf dem Ziffernblatt, die sich öffneten und wieder schlossen. TICK TACK. Detonationen ganz in der Nähe. Er rennt weg. Und der Alte schreit hinter ihm her. Er stolpert und fällt. Etwas trifft ihn am Kopf.

Er ringt nach Luft. Er kriecht durch einen schmalen Gang. Dunkelheit. Er dreht sich um. Hinter ihm muss das Biwak 7 sein. Er erkennt die blaue Flamme eines Campingkochers. Aber vielleicht brennt die seit Stunden in seinem Auge. Er kriecht weiter. Weg von den Stimmen. Die Wände der Höhle zittern. Irgendwo unter ihm schießt Wasser donnernd durch einen Höhlengang. Er weiß, dass sie kommen. Ihn retten wollen. Aber er will weiter, immer weiter. Dem Grund zu. Nur dem Grund zu.

Wo die Drachen wohnen

Manchmal vermisse ich die Drachen.

Dann frage ich Valon, den Jungen mit dem komischen Namen, der hat ein Moped, und wir fahren zu dem Dorf, aus dem ich komme, und wo die Drachen wohnen.

Die anderen dürfen nicht wissen, dass ich hinten bei Valon auf dem Moped sitze, denn sie mögen ihn nicht.

Wenn wir zu den Drachen fahren, halte ich mich an Valons Rücken fest. Ich kann dann seine Muskeln spüren. Valon ist stark, denn obgleich er erst siebzehn ist, arbeitet er auf dem Bau. Ich sage ihm, dass er stärker ist, als jeder den ich sonst kenne, obwohl ein paar von den anderen große Brüder haben, die trainieren gehen und Sport machen und aussehen wie Krieger in einem Film. Valon lacht und nennt mich »kleine Schwester«, und die anderen dürfen nicht wissen, dass ich für ihn schwärme. Ich bin nicht verliebt, dafür bin ich noch zu jung.

Manchmal denke ich, dass er mich mag und dass ich ihn …, und dass wir uns so gut verstehen, hat damit zu tun, dass wir beide Zugereiste sind. Sein Dorf ist weiter weg als meins, irgendwo im Süden oder Südosten … »Jugoslawien«, sagt mein Vater, »sozialistische Brüder, lange her«. Beide Dörfer sind verschwunden, oder fast, und nun sind wir hier.

An den Wochenenden hängen wir am Bahnhof rum, also ich und die anderen, die anderen und ich.

Valon ist schon arbeiten, auf dem Bau, am Sonnabend verdient er am meisten, und am Sonntag muss er sich dann ausruhen oder mit seiner Familie Zeit verbringen. »Die haben viel Tradition«, wie er es ausdrückt, aber er trifft sich sowieso nur mit mir, wenn die anderen nicht dabei sind.

Der Bahnhof liegt am Rand der kleinen Stadt. Wir wohnen nicht in der Nähe vom Bahnhof, keiner von uns. Wir treffen uns am Fluss, hinter den Neubauten. Wenn wir viele sind, marschieren wir vom Fluss direkt durchs Zentrum, direkt durch die Einkaufsstraßen, am Brunnen vorbei, am Rathaus vorbei, an der dunklen Kirche der Krieger vorbei, wenn wir viele sind, sind wir laut, lärmen und schreien, und wenn wir Kinder aus anderen Dörfern sehen auf unserem Weg zum Bahnhof, schreien wir noch lauter, spucken und lärmen und schreien.

Wir sitzen in der Halle, der Bahnhofshalle, auf Treppenstufen und Bänken, wir stehen in den dunklen Ecken, beobachten die Reisenden, die Kommenden, die Gehenden, streunen um den Bahnhofskiosk herum, blättern im Zeitungsladen durch Comics und Sexhefte, durchsuchen die Herren-Klos, manchmal sitzen dort Betrunkene in den Klokabinen und ruhen sich aus, und wir entwenden ihnen die Bierbüchsen und geben sie im Kiosk ab, fünfundzwanzig Cent pro Dose, und manchmal holen wir ein paar Münzen aus den Jackentaschen der Betrunkenen, viel haben sie nicht, und wir laufen durch den Gang, der zu den Bahnsteigen führt, wenn wir viele sind, rufen wir dort laut, das dröhnt richtig und die Worte kommen von überall, wie Echos. »Deutschland!« rufen die anderen, und dann ganz rhythmisch »Ost-Deutschland, Ost-Deutschland!« Manchmal rufe ich mit, und die Worte kommen von überall, Güterzüge fahren über uns und unsere Rufe, verschwinden im Rumpeln der Achsen, der Tunnel scheint zu beben und zu zittern, wir stehen auf einem der Bahnsteige und zählen die Waggons der Güterzüge, wir sind doch fast noch Kinder, und wenn wir nur wenige sind, weil einige von uns am Wochenende mit ihren Brüdern im Stadtpark rumsitzen und grillen und Bier trinken dürfen, sitzen wir vor dem Bahnhofsportal und warten auf die Touristen.

Ich sitze am liebsten auf der Treppe in der Bahnhofshalle, die hoch zur alten *Mitropa* führt, die aber schon lange geschlossen ist, sitze zwischen den beiden Männern.

Der eine trägt einen Helm und eine Grubenlampe, der andere hält einen Rechenschieber in den Händen. Ich fasse sie gerne an, denn sie fühlen sich kühl und glatt an. Sie blicken in Richtung der großen Tür, vor der der Bahnhofsvorplatz liegt, sie wirken angestrengt, nachdenklich, die Stirn voller Falten, manchmal sogar ein wenig traurig, die dunklen Bronzeaugen, aber ich glaube, sie sind nur dann traurig, wenn ich es auch bin.

Ich sitze zwischen den beiden Männern, die auf kleinen Sockeln links und rechts neben der Treppe knien, stütze die Ellenbogen auf meine Oberschenkel, den Kopf auf beide Hände, die Handflächen liegen auf den Wangen. Ich spüre, wie ich einen Schmollmund ziehe und wünsche, Valon wäre hier und könnte meinen Schmollmund sehen.

Draußen vorm Bahnhof sitzen die anderen und warten auf die Touristen, bald kommen die Züge aus den großen

Städten. Aber ich will allein sein. Immer alleine sein.

Ich blicke zum Bahnhofskiosk. Direkt neben der großen Tür stehen Valon und ich und essen Currywurst, er hat ein Bier auf dem Stehtisch, ich eine Cola, wir lehnen an der Wand, haben den Stehtisch in die Nische zwischen Wand und Säule geschoben, die Frau im Kiosk hat erst komisch geguckt, aber Valon hat bezahlt und ihr ein gutes Trinkgeld gegeben, und nun stehen wir in der Nische und essen und trinken.

»Willst wohl schon wieder zu den Drachen, kleine Schwester?« Er trinkt einen Schluck Bier und beugt sich dann über den Pappteller mit der Currywurst.

»Wenn du mich fährst.« Ich blicke auf, spüre den Schnurrbart aus Soße schon auf meiner Oberlippe, bevor er lacht.

»Schmuddel-Schwester!« Er wischt mit einer Serviette über meinen Mund, dann über seinen, und ich kriege Gänsehaut.

»Ich bin nicht deine Schwester.«

»Nein, bist du nicht, kleine Schwester.«

»Ich kann auch trampen!«

»Das solltest du nicht.«

»Ich bin kein Kind mehr.«

»Vielleicht, kleine Schwester, aber besser ich fahr dich.«

Und dann fahren wir. Ich lehne mich an seinen Rücken, spüre seine Muskeln und seinen Atmen. Meistens schließe ich die Augen und sehe nicht, ob er die Schnellstraße nimmt oder über die Landstraßen und die vielen Dörfer fährt, ich fühle mich sicher an seinem Rücken.

»Du bist mir eine Schmuddel-Schwester!« Er wischt mit einem Taschentuch über meinen Currywurst-Schnurrbart. Ein Knall. Die Bahnhofshalle dröhnt. Noch ein Knall. Die anderen sind im Tunnel und zünden Feuerwerkskörper, Silvesterknaller, die sie in Polen oder bei den Tschechen kaufen. Beide Länder sind nicht weit weg. Wir drücken uns in die Nische, blicken auf die Reisenden, die sich erschrocken umschauen, bei jedem Knall, auch Valon zuckt zusammen neben mir, ich kann sehen, wie seine Hände sich kurz an die Tischplatte des Stehtischs klammern und die Muskeln seiner Arme sich verhärten, und ich lege meine Hand vorsichtig auf seine.

»Erzähl mir von deinem Dorf, Valon.« Güterzüge rumpeln über die Gleise und machen unsere Stimmen klein. »Kann mich kaum noch erinnern. Erzähl du mir von deinem.«

Er trinkt sein Bier und sieht müde aus. Ich kann den Staub der Baustellen in seinen Haaren sehen, die schimmern grau, obwohl er erst siebzehn ist.

»Wenn du pullern musst, geh lieber aufs Frauenklo«, sage ich zu Valon, und da lacht er wieder.

Wenn wir traurig sind, schauen auch die beiden Männer mit dunklen Bronze-Augen nach draußen, Richtung Stadt. Der eine umklammert einen Rechenschieber, der andere trägt einen Bergarbeiterhelm.

Wenn wir traurig sind, stehen wir in der Nische neben dem Kiosk, lehnen an der Wand und blicken auf die Reisenden, die die Halle durchqueren.

»Wir haben Touris, nu komm schon!«

Die anderen rufen und winken von draußen. Wir sind wenige an diesem Sonnabend, die Stehtische am Kiosk sind leer, Valon ist auf irgendeiner Baustelle, und ich gehe zum Ausgang, gehe zu der großen Tür.

Wir bringen eine kleine Reisegruppe zu dem Haus, das vor einigen Jahren explodiert ist, lange bevor ich mit meinen Eltern in die Stadt kam. Die Außenwände haben wohl noch eine Weile gestanden, aber dann wurde es weggerissen.

Es war viel im Fernsehen zu sehen über das Haus und die Frau mit ihren beiden Männern, die dort wohnten und Waffen hatten und mit den Waffen durchs Land reisten, in andere Städte reisten, weit weg, und den Tod dort hin brachten, aber immer zurückkehrten in unsere kleine Stadt und das Haus, das nun verschwunden ist. Ich habe wenig davon mitbekommen, ich war noch klein und vor unserem Dorf saßen die Drachen in der Grube und kamen immer näher. Dörfer, die verschwinden, Häuser, die verschwinden. Staub, der aus den Gruben aufsteigt, Staub, der sich auf uns legt, wenn wir an den Gruben spielen, dichter Staub, hinter dem die Drachen sich bewegen, näher zu uns kriechen, Staub auf Häusern, auf Dächern, auf denen wir sitzen und die Drachen beobachten, »Wenn du pullern musst, kannst du den Schornstein nehmen!« Ich muss lachen und huste, »bist du das, Valon, neben mir …«

Viele Touristen glauben, dass es das Haus, in dem die Frau mit den beiden Männer wohnte, noch gibt, aber wir bringen sie nur zu der Lücke, und manchmal sind sie dann enttäuscht, und wir müssen ihnen Geschichten erzählen, damit sie uns trotzdem Geld geben. Meistens erzähle ich, obwohl ich erst neu in der Stadt bin, aber ich kann gut erzählen und die anderen wissen genau, dass sie lieber nichts sagen, weil sonst die Touristen schnell wieder verschwinden würden, und wir kriegen gar nichts.

Die anderen glauben, dass in dem verschwundenen Haus Helden lebten. »So wie Bonnie und Clyde«, sagt einer der anderen, ein Junge, nur ein bisschen älter als ich; aber keiner von uns kann damit was anfangen, keiner weiß, wer Bonnie und Clyde sind. Und als wir ihn fragen, kommt er ins Stottern und erzählt was von Gangstern und von Filmen und von Widerstand und von *GegenDasSystem*, denn die im verschwundenem Haus waren auch gegen das System, aber für Deutschland.

Das erzähle ich den Touristen nicht.

Ich erzähle von den Wegen, die die Frau immer gegangen ist, von den Läden, in denen sie eingekauft hat, und wie freundlich sie zu allen war, und dass sie immer bei den Schafen am Flussufer gewesen ist, wenn die beiden Männer ihre Reisen machten, und dass sie ja vielleicht nicht gewusst hat, dass ... Und dass sie sich in einen Schäfer verliebt hat und sogar eine Zeitlang mit dem Schäfer an den Flussufern entlang gezogen ist, ein Bett aus Wolle, weil die beiden Männer manchmal sehr lange weg waren mit ihren Waffen, und die Frau oft sehr einsam ..., nein, der Schäfer ist nun weitergezogen, schon lange nicht mehr hier, als er erfuhr, dass die Frau mit den beiden Männern ..., und dass sie Waffen hatten und auch Banken überfielen und dass sie ..., naja, es hat ihm direkt das Herz ...

Und die Touristen nicken und wiegen den Kopf und streichen sich übers Kinn und schauen auf die Lücke. Wir bringen sie noch zum Fluss, durchqueren den Park mit ihnen. »Hier hat sie oft gesessen, auf dieser Parkbank, hier hat sie sogar etwas eingeritzt in die Bank ...«, und tatsächlich ist da ein Herz und zwei Buchstaben und ein Pfeil, der durch das Herz dringt.

Die anderen verdrehen die Augen, tun so, als ob die den Hitlergruß machen wollen hinterm Rücken der Touristen, sagen aber nichts, weil sie wissen, dass meine Geschichten Geld bringen.

Aber wenn ich zu doll übertreibe, dann sind sie sauer auf mich, auch wenn wir das Geld, das mir die Touristen geben, immer teilen, und dann treiben sie mich gegen eine Mauer, stehen dicht um mich, so dass ich nicht mehr weg kann, und ich wünsche, Valon wäre hier und könnte mir helfen.

Sie fragen mich dann, ob ich Deutschland liebe, ob ich Kanaken meine Muschi zeigen würde, und lauter so Sachen. Das tut weh.

Vor kurzem waren Amerikaner da. Und denen habe ich nichts von den Schafen erzählt, habe nicht erzählt, wie die Frau aus dem verschwundenen Haus sich in den Schäfer verliebt hat. Nachts war ich im Stadtpark und habe das Herz in die Bank geritzt. Das V ist zu groß und die beiden Linien gehen unten noch weiter, so dass es beinahe wie ein X aussieht. Ich bin noch zu jung, um mich zu verlieben.

Manchmal, wenn mich Valon zu meinem verschwundenen Dorf fährt und wir im Nachbardorf, in dem keiner mehr wohnt und das auch bald verschwinden wird, auf einem der

Dächer liegen und auf die Grube schauen, in der die Drachen sich durchs Erdreich wühlen und sich immer näher zu uns ran bewegen, erzähle ich ihm von der Frau und den beiden Männern. Auch Valon war damals noch nicht in der Stadt gewesen. Ich erzähle ihm die Geschichte wie ein Märchen, als wären die Drei verflucht gewesen. »Und jede Nacht zogen sie los mit ihren Waffen und brachten Unheil in die Welt.«

»Und die Frau war auch dabei«, will Valon wissen, »mit einer Waffe?« Und ich will ihm von Liebe und Erlösung und einem Sarg aus Glas erzählen, aber er hört schon nicht mehr zu. Er ist woanders und schaut mit großen dunklen Augen auf die Drachen, die durch den Staub kriechen, die den Staub aufwirbeln. Es gibt so viele verschiedene Sorten Staub, ganz feinen weißen, auch schwarzen aus Kohle, mancher schmeckt bitter, anderer süß; als ich ganz klein war, kannte ich sie alle, sie kommen aus den Schichten der Erde, in denen nun auch unser Dorf verschwunden ist, und in die die Drachen ihre Höhlen graben.

»Warum vermisst du sie denn, wenn sie dein Dorf gefressen haben«, fragt Valon, und ich rücke ein Stück näher an ihn ran, damit er spürt, wie ich mit den Schultern zucke. »Weiß nicht.«

Romantische Märchen kann ich den Amerikanern nicht erzählen. »Amerikaner wollen Action«, haben mir die anderen zugeflüstert.

Und deswegen habe ich die Amerikaner an den Brachflächen am Bahnhof vorbeigeführt.

»Look at our battlegrounds«, habe sie zu dem alten leerstehenden Hotel gebracht.

Ich kann ganz gut Englisch, und die anderen haben staunend zugeschaut und zugehört, wie ich den Amerikanern meine Geschichten erzählt habe. Ich will nicht, dass die anderen mich wieder an eine Mauer drängen.

Im Hotel hat's gebrannt. Jetzt wieder und vorher auch schon.

Und dieses *Vorher* schmücke ich so aus, dass den Amerikanern der Mund offen steht.

Das Hotel war schon leer und verbrannt, als ich mit meinen Eltern in die Stadt gekommen bin. Irgendein Versicherungsbetrug, mutmaßte mein Vater, doch das erzähle ich den Amis nicht. »They fight here, like Bonnie and Clyde!« Und die Amis staunen und nicken, denn die kennen Bonnie und Clyde, und ich erzähle ihnen immer wildere Geschichten.

Die Frau mit einem Maschinengewehr oben auf dem Dach und die beiden Männer, »the boys«, die sich den Weg freischießen, »so many police«, während die Frau, »the lady«, ihnen Feuerschutz gibt.

»But they died in a camper?« wollen die Amis wissen, und ich erzähle ihnen, wie die beiden Männer aus dem brennenden Hotel geflohen sind, sich bis zu ihrem Wohnwagen durchgekämpft haben, die Frau immer noch auf dem Dach mit ihrem Maschinengewehr. Die Amis staunen und nicken und schütteln den Kopf. »Crazy nazis!« Ich bin froh, dass kein Schwarzer dabei ist, sonst würden die anderen ganz sicher ihre Witze und Schornsteinfeger-Sprüche ablassen, die Unterlippe nach unten rollen und mit der Zunge eine dicke Oberlippe formen, und wir würden kein Geld bekommen und sie würden dann doch wieder mir die Schuld geben. *The boys and the lady.*

»Was haben die erzählt, und was hast du erzählt, und warum waren die so erschrocken?«

Die anderen sind wie aufgezogen und springen um mich herum, und wir sind schon unten im Hotel drin, wo früher die Lobby war. Es riecht verbrannt, überall liegen Scherben, wir wollen hoch zum Dach, das nur noch aus verkohlten Balken besteht, die anderen erzählen was von »Mutproben«, aber ich weiß, dass sie von dort oben die Stadt und den Fluss und die Berge sehen wollen, Papierflieger in Richtung Bahnhof werfen, die Augen schließen und in die Sonne schauen.

Wir schleichen langsam aus der Lobby hoch in die erste Etage, weil wir dort Geräusche gehört haben; ich bin immer noch stolz, weil die Amis alles geglaubt haben, was ich ihnen erzählt habe, *once upon a time,* und immer wieder lege ich meine Hand auf die Geldmünzen in meiner Hosentasche. Die Wände sind voller Hakenkreuze und Kritzeleien, ich werde ein Herz und ein V auf die zerfetzten Tapeten malen, wenn die anderen es nicht sehen.

»Kanakenbraut.« Hände auf meinem Rücken, Fäuste, und ich knalle mit dem Kopf gegen eine der Türen, als wir den Gang entlanglaufen. Nummer 18. »Lasst mich in Ruhe!« Ich weiß nicht, warum sie mich schubsen, denn ich habe doch alles richtig gemacht, mit den Amerikanern und überhaupt.

Ich renne den Gang entlang, Glas knirscht unter meinen Füßen, in einem der Zimmer erkenne ich ein großes Bett, die Matratzen sind zerfetzt und Schaumstoff quillt aus ihnen heraus, *»warum magst du die Drachen?«*, und dann stolpere ich über einen Mann, der vor mir auf dem Boden liegt. Er steckt in einem dreckigen Schlafsack drin, seine Haare sind lang und grau und strähnig. Wir riechen sofort, dass er betrunken ist.

Er hat auch an die Wand gekotzt, und wir schieben den Schlafsack mit den Füßen zu seiner Kotze, drücken sein Gesicht da rein. Er lallt irgendwas, hat die Augen geschlossen.

Zwei Jungs stellen sich vor ihn und pinkeln auf seinen Schlafsack, wir Mädchen kichern und schauen weg.

Der Mann versucht aus seinem Schlafsack raus zu kriechen, aber die Jungs treten ihn immer wieder in die Seite, sodass er sich mit seinem Schlafsack stöhnend an die Wand rollt. Wenn ich mit Valon bei den Drachen bin, zeige ich ihm die Stelle, wo einmal unser Haus stand. An sein Dorf kann er sich fast gar nicht mehr erinnern, er war noch sehr klein, als seine Eltern mit ihm hierherkamen. Der Rest seiner Familie ist dort geblieben, ist zusammen mit dem Dorf verschwunden, und manchmal erzählt er von ihnen, aber das sind dann Geschichten, die er von seinen Eltern hat, aber Valon sagt, dass es sich so anfühlt, als hätte er sie alle gekannt, Onkels und Tanten und Großeltern. Dann werden seine Augen dunkel und wir sind zwei Figuren aus Bronze und schauen unbeweglich in die Ferne.

»Lasst uns doch woanders hingehen«, sage ich und klimpere mit den Münzen in meiner Tasche, »wir haben doch Geld, wir können ins Kino oder …« Meine Stimme klingt ganz seltsam in dem Gang, ist kaum zu hören, verschwindet hinter den offenen Türen, in den leeren Räumen, deren

Fenster mit Brettern vernagelt sind. »Wir können doch zum Bahnhof, Comics kaufen …« Aber niemand hört mich. Ich will wegrennen, aber bleibe dann doch dicht hinter den anderen stehen.

Sie gießen Schnaps auf den Mann, der sich mit seinem Schlafsack an die Wand gerollt hat und beide Hände schützend über seinen Kopf hält und immer noch leise stöhnt.

Wenn ich mit Valon bei den Drachen bin, erzähle ich ihm vom Großvater, der das Dorf nicht verlassen wollte. Wir wohnten da schon in der kleinen Stadt und besuchten ihn an den Wochenenden, und mein Vater wollte ihn jedes Mal überreden, doch hierher zu kommen, die Nachbarwohnung sei frei, am Ufer des Flusses würden sogar Schafe weiden! Aber Großvater saß auf der Bank vor seinem Haus, blickte auf die Eiche an der Bushaltestelle, vor der der alte verwitterte Gedenkstein stand, an dem wir Kinder manchmal die Buchstaben und Namen und Jahre, die kaum noch zu erkennen waren, mit den Fingerspitzen nachzogen; als ich ganz klein war, dachte ich, die Toten würden direkt unter der Eiche und dem Stein liegen, aber sie waren ja ganz woanders gestorben, *gefallen* lasen wir, und als ich ganz klein war, dachte ich, dass da welche hingefallen waren, stolperten und wieder aufstanden. Großvater liegt jetzt hier in der Stadt auf einem Friedhof und ist bestimmt nicht glücklich. Er saß einfach tot auf seiner Bank, als wir ihn besuchen kamen, den Kopf auf der Brust. Valon glaubt, dass die Toten weiterleben. Ich eigentlich nicht.

Er sagt auch, dass die Erinnerungen im Blut drin sind. Deswegen zuckt er zusammen, wenn die anderen Knaller zünden und deswegen werden seine Augen manchmal ganz dunkel und er ist woanders und weit weg, wenn wir auf einem der Dächer des Nachbardorfes liegen und in die große, nicht enden wollende Grube schauen.

Ich frage ihn, ob wir mit seinem Moped mal bis zu *seinem* Dorf fahren wollen, auch wenn das ganz schön weit weg ist, aber ich habe ja bald Ferien und er hat doch genug Geld vom Bau, und da lacht er und ist wieder da, und wir blicken auf den Staub, der durch die Grube zieht, der im Sonnenlicht flimmert, der von Wasserstrahlen durchbrochen wird, der sich dann wieder legt und dann wieder aufsteigt und die riesigen Bagger umhüllt.

Der Schlafsack, mit dem Mann drin, brennt, und die anderen rennen weg und nur ich bleibe und sehe zu, wie die Flammen von alleine wieder ausgehen und der Mann rauskriecht und hustend in einem der Zimmer verschwindet.

Ich lege das Geld von den Amis auf die Türschwelle und gehe langsam Richtung Treppe.

Die anderen werden wieder am Bahnhof sein. Ich weiß, auf welcher Baustelle Valon arbeitet. Ich werde dort hingehen und mich verstecken und ihn beobachten. Wenn er mich sieht, wird er winken und »kleine Schwester« rufen. Ich bin nicht verliebt, dafür bin ich noch zu jung.

Valon holt sein Moped und ich sitze hinter ihm, wir fahren irgendwohin, wir fahren einfach nur so rum, und wenn ich mich umdrehe, sehe ich unsere kleine Stadt, in der die Drachen wohnen.

MAMMOET
MAMMOET

Wozu Literatur

Dieser Buchtitel fiel mir über Jahre hinweg auf (die Formulierung »sprang mir ins Auge« wird aussortiert, kommt auf den Index, wo schon die Gendersternchen ruhen).

Stand der Band im Bücherregal meines Vaters? Oder entdeckte ich ihn erst in der *Bücherinsel*, aus der ich wie besessen die Literatur, die mir relevant erschien, nachhause schleppte (erst mein Taschengeld, dann die ersten Arbeitslöhne *investierte* für eine Zukunft), aber eben auch Theoretisches wie den ollen Lukács oder die Essays Hans Mayers ...

Georg Lukács' marxistische und oft dogmatische Ansätze interessierten mich eher weniger, obwohl da auch das *Wozu Literatur* eine große Rolle spielte, aber Lukács lehrte mich die großen Realisten zu verstehen, deren ausuferndes, detailreiches aber eben auch packendes Erzählen mir lange ein Rätsel war. Wie haben die das gemacht? Zeit und Raum gebannt, gestreckt, gerafft ... Balzac und Stendhal, Dostojewski und Tolstoi, Dickens und Hugo, Fontane. Die Entwicklung von Klassen und Nationen stellte der Marxist Lukács stets der Entwicklung der Literaturen gegenüber beziehungsweise anbei, das lief ja irgendwie dann kongruent ... oder umgedreht *kongruent*? Alles *enthemmt*, wie in der Moderne, der klassischen aller Modernen, war dem Alten erst mal nüscht. Was nicht zum Punkt der Klassenfrage durchdringt, das war aus seiner Sicht schnell dekadent oder formalistisch. Form unter Inhalt, und Inhalt immer auch Kampf für die Sache, zumindest den Kampf für die Sache analysierend.

Auch mir schien es am Anfang meiner Schreibbemühungen logisch zu sein, die Dinge so zu erzählen, wie sie eben sind, in aller Klarheit, in aller Düsternis, einfache, klar strukturierte Sätze, klare Konturen, die aber eben eine Poesie der nur scheinbaren Einfachheit ergeben, aber dann doch, wie ein Echolot in die Tiefe dringen. Wie schrieb Lukács über Balzac: »Also gerade die Tiefe des Realismus entfernt Balzac so sehr vom Abfotografieren der durchschnittlichen Wirklichkeit. Denn diese inhaltlich bestimmte Konzentration gibt bereits ohne jede romantische Zutat dem ganzen Bild eine düstere und grausige Fantastik.«

Erzählt wird bei Balzac ja eher altmodisch beziehungsweise *zeitgenössisch Mitte 19. Jahrhundert.* Jede Kutschfahrt wird beinahe in Echtzeit geschildert, der Herstellung einer Zeitung im Paris der 1830er Jahre wohnen wir über dreißig und mehr Seiten bei. Wie muss die Zeit damals verlangsamt abgelaufen sein, aber die Menschen starben ja auch jünger, womit sich das wieder ausglich ...

Allerdings springt bei Balzac auch oft eine Dachluke oder eine Tür auf, aus der dann ein Bewaffneter tritt, der »Stehenbleiben!« ruft, wenn mal wieder ein Intrigant, Verbrecher, Hochstapler entkommen will. Hier scheute sich Balzac auch nicht, die Mittel der Kolportage hin und wieder einzusetzen, der Leser will eben auch gefesselt werden, das große Drama muss auch manchmal ein solches sein, und Balzac veröffentlichte seine Romane, wie viele seiner Zeitgenossen, ja oft in Fortsetzungen in Zeitungen und Zeitschriften, bevor sie dann zum Roman gebunden und in voller Länge erschienen. Was für ein großartiges Netzwerk von Figuren dieser Meister wob!

Wie auch Dickens konnte Balzac unfassbare und unvergessliche Figuren komponieren (auch Lukács sprach hierbei von *Komposition*), der träumerische, aber schwache Lucien mit seinen *verlorenen Illusionen*, der dann im *Glanz und Elend der Kurtisanen* endete, der diabolische Ex-Sträfling Vautrin, der berechnende Baron Nucingen, der alte Vater Goriot, Figuren einer menschlichen Komödie, in der jeder und alles miteinander verknüpft war, einer Komödientragödie, die, obwohl die Zeiten des seriellen Erzählens ja heute angeblich in der Blüte stehen, niemand mehr ähnlich zu Papier oder auf die Screens bringen wird beziehungsweise kann (die große Leinwand stirbt ja, ähnlich wie die Literatur, langsam, aber sie stirbt). Aber wozu dann Literatur?

Die Idee, gesellschaftliche Brüche als einen ganz normalen Steinbruch für eine (deutsche) Literatur zu sehen, ist anscheinend abhanden gekommen, biografisch/persönliches Klein-Klein, dazu banale Histörchen, biederes Erzählen, keine Reisen mehr ans Ende der Nacht oder meinetwegen an ihren Anfang!

Das Pathos, das ich zu Beginn meiner jugendlichen Schreibversuche noch ungehemmt in den Text fließen ließ, bevor mich Hemingway und B. Traven wieder auf den Boden eines Understatements brachten, hat mich übrigens die Bibel gelehrt! Frei nach Brecht habe ich lange auf die Frage, welches Buch am meisten Eindruck hinterlassen habe, mit dem Buch der Bücher geantwortet. Ich kam ja aus einem christlichen Elternhaus, mein Vater war bei der Inneren Mission beschäftigt und in der Ost-CDU aktiv (eine sogenannte *Blockflöte* war er aber nicht). Meine Mutter arbeitete in einem kirchlichen Kindergarten und brachte sich stark in die Gemeindearbeit ein. Da gehörten die biblischen Texte beinahe zum Alltag, ein seltsamer Kontrast, waren doch die meisten meiner Freunde bei den Pionieren oder in der FDJ, Religion galt als Zauberwerk, Spinnerei.

Einmal sollte ich, bedroht von einer Gruppe Jugendlicher, GOTT erklären, weil sonst: Prügel. Doch die Schönheit der Psalmen konnte einen auch nicht retten: »Gott, wir haben mit unsern Ohren gehört, / unsre Väter haben's uns erzählt, / was du getan hast zu ihren Zeiten, in alten / Tagen.« Ist nicht das die Literatur, zu künden von den Zeiten und den alten Tagen? Sie zu besingen und zu betrauern, das JETZT zu konservieren, zu transformieren, IM ANFANG WAR DAS WORT, oder wie es im Psalm 24 heißt: »Einzug in ein Heiligtum«, und das ist und kann nur sein: das Heiligtum der Literatur, der Romane, der Erzählungen, der Gedichte, die, wie Zaubersprüche, im Äther widerhallen und *verändern*. (Da ich an Geister und auch an die verlorengegangene Zauberei glaube, scheint mir Literatur, insbesondere Lyrik, aber natürlich auch Prosa, durchkomponierte, rhythmische Prosa, die derzeit einzige Möglichkeit zu sein, Materie zu verändern, Steine zu erweichen, Felsen weinen zu lassen, Menschen zu verzaubern ...)

Und oft noch flüstere ich den in der Christenlehre gelernten Psalm, den der Gläubige beten soll in den Stunden der Not, auch wenn mein einstiger, fester Glauben mir nur noch wie eine ferne Schizophrenie erscheint: »Der Herr ist mein Hirte, / mir wird nichts mangeln. / Er weidet mich auf einer grünen Aue / und führet mich zu frischen Wasser. / Er erquicket meine Seele. / Er führet mich auf rechter Straße um seines / Namens willen. / Und ob ich schon wanderte im finstern Tal, / fürchte ich kein Unglück ...«

Und überhaupt, was waren das für Figuren, die im Buch der Bücher auftauchten (es gibt ja meiner Meinung nach mindestens zwei Bücher der Bücher, neben der Bibel auch *Das Kapital* von Marx, das aber leider, im Gegensatz zur Bibel, gar nicht als Roman durchgehen kann, obwohl Julio Cortázar da vielleicht anderer Meinung wäre ..., der Koran ist eher eine Sammlung von Gedichten ...), Romanfiguren wie Moses, das Findelkind aus dem Nil, das die Israeliten aus Ägypten führte, mit seinem Stab das rote Meer teilte, die Gebote empfing, auf Steintafeln!, und sie dann wütend zertrümmerte, *because of the golden Kalb*, denn: *character is action*!

Oder Jona, mein Lieblingsprophet, der kein Prophet sein wollte und vor dem HERRN auf ein Schiff floh, von einem großen Fisch verschluckt wurde (irgendwann wurde ein Wal daraus, die Spur führt zu Melville, einem der ersten großen Modernen, der in seinem Roman *Moby Dick* verschiedene Gattungen, Sprachen, Erzählgeschwindigkeiten zusammenführte, wieder auseinanderbrach, wieder fügte ... wo ist so ein viriles, gebrochenes Erzählen heute?). Jona war drei Tage und drei Nächte im Wal und betete von dort, »aus dem Herzen der Meere«, zu Gott ...

Doch dann, Jona ausgespuckt: der Herr lässt nicht locker. Jona soll nach Ninive gehen, und dieser Stadt ihren Untergang voraussagen. Jona weigert sich und legt sich unter einen Eukalyptus. Doch der Herr, nicht dumm: schickt einen Wurm, der den Eukalyptus annagt und der dann eingeht. Schatten weg: Jona kommt zur Vernunft. Und Ninive geht nicht unter.

Oder Hiob, den der Herr so prüfte, ihn mit Geschwüren bedeckt auf einen Misthaufen warf, ihm alles nahm, sein Vieh tötete, seine Kinder; Hiob, den der heilige Joseph Roth dann in eine Romanfigur transformierte, die auch heute noch zu Tränen rührt, ein Dulder, ein Geprüfter, der aus dem Schtetl nach Amerika geht, der seine Söhne verliert, einen davon im WK 1, ach heiliger Trinker, der du ruhst in Frieden, gerade noch rechtzeitig hast du dich zu Tode getrunken, bevor die Nazis dich erwischen konnten, heiliger Trinker, der du einem Thomas Mann ebenbürtig bist, so wahnsinnig viel mehr Herz hast in deinem Schreiben als unser Fürst, aber dich interessierten eben nicht die großen intellektuellen Scharmützel, *Roman eines einfachen Mannes* heißt der *Hiob* ja auch im Untertitel, was solltest du auch einen Goetheroman schreiben, heiliger Trinker, wenn du doch die Verarmten und die Ruhelosen und die Gescheiterten und die heiligen Trinker in ihren Welten lebendig werden ließest und diese Welten mit ihnen, verlorene K.u.K. Landschaften, Schtetl in Galizien, ein Zauber liegt in deiner Kunst, du Heiliger, dein Erzählen wird zu einem mythischen Erzählen: »Vor vielen Jahren lebte in Zuchnow ein Mann namens Mendel Singer«, das aus den Ursprüngen zu uns dringt aus deinem Mund, deiner Feder, von den *Urnebeln* her, wie Louis Fürnberg es nennt, aber dazu später vielleicht mehr …

Während ich diesen Text schreibe, während ich versuche, Antworten auf dieses *Wozu Literatur*? zu finden, stoße ich in einem meiner Bücherregale, zwischen zwei Büchern versteckt und eingeklemmt, auf ein zerlesenes, halb auseinandergefallenes Reclam-Heftchen. Michail Scholochows Erzählung *Ein Menschenschicksal.* Auch das eine Art Hiobsgeschichte. Angesiedelt im und nach dem zweiten großen Krieg. Auch dieses Menschenschicksal zu Tränen rührend, auch hier finden wir eine Ursprünglichkeit des Erzählens, eine scheinbare Naivität, die sich auch aus der Form des Berichts ableitet, ein Ich-Erzähler trifft auf einen vom Krieg gezeichneten Mann, LKW-Fahrer, der mit einem kleinen Jungen unterwegs ist. Der Ich-Erzähler, der über einen Fluss übersetzte, bevor er den Mann und den Jungen traf, berichtet elegisch, bestimmt die Erzählung, bevor der Gezeichnete mit seinem Hiob-Bericht beginnt: »Der erste Nachkriegsfrühling war am oberen Don mit Macht und Ungestüm eingebrochen. Ende März blies vom Asowschen Meer her ein warmer Wind, und schon nach zwei Tagen lag der Sandboden am linken Ufer des Dons nackt und bloß da, die schneegefüllten Steppenbäche schwollen, vom Eise befreit, zu reißenden Flüssen an, und die Wege wurden unpassierbar. Just um diese unfreundliche Zeit der Wegelosigkeit musste ich nach der Staniza Bukanowskaja fahren.« Und wenig später beginnt der Bericht, tritt ein anderes Ich an den Leser heran, mit einer Sachlichkeit, einer schlichten Poesie des Unsagbaren, der Leidensweg durch KZ, Verluste, Tod, ein ungeheures Erzählstück, eingebettet in die Rahmenhandlung des ersten Nachkriegsfrühlings. In der DDR war dieses *Menschenschicksal* Schullesestoff, ich bin zu jung, um es damals gelesen zu haben, fand das Reclam-Heftchen aber, jetzt erinnere ich mich, in einer der Bücherkisten, die im Sommer oder Frühjahr 1990 vor unserer Schule standen, aussortiert wurde da so manches, ich habe noch *Das siebte Kreuz* und *Das Kapital* und ein paar Bände Lenin (die ich später allerdings wieder aussortierte) mitgenommen.

Im Nachwort wird der Autor Scholochow so zitiert: »Jeder schreibt nach der Weisung seines Herzens, und unser Herz gehört der Partei und dem Volk; der Partei und dem Volk dienen wir mit unserer Kunst.« Oje, wenn wenigstens die Reihenfolge umgedreht wäre … Aber ungeachtet seiner ideologischen Verwicklungen, sein

Werk bleibt, und *Ein Menschenschicksal* sollte auch heute noch Schullesestoff sein.

Doch wir waren bei Thomas Mann stehengeblieben, der, so nehme ich an, bis heute noch Schullesestoff ist, und in seinen Erzählungen und Novellen durchaus das eine oder andere *wirklich anrührende* hervorgebracht hat, es herrscht nicht immer der kühle und dennoch süffige Intellekt (Künstler oder Bürger? Ja! Nein? Bitte!) beim großen Zauberer, die immerwährende Distanz, wo ist da das *Es war einmal*? Ist das der »raunende Imperfekt«, der fast schon zum Klischee geworden ist? Ein Hans zieht aus, das Fürchten, nein, das Leben und Leiden und die Zeit zu lernen ... Wenn ich aber wählen müsste, Thomas Mann oder Joseph Roth, so würde ich immer Roth wählen, der auch ein Meister der kurzen Form war, wie *Die Legende vom heiligen Trinker* zeigt, eine der schönsten und ergreifendsten Erzählungen deutscher Sprache. Aber Literatur ist kein Monopoly, ist kein *Wer wird Millionär,* und auf einen Kanon mit einem Gegenkanon zu antworten ist eben auch Unsinn ... Im ungeheuren Raum (der Literatur), träumen viele ihren Traum.

Thomas Mann ebenfalls ebenbürtig (wir haben ja nun einmal weiter oben bzw. vorne damit angefangen, und wir müssen zugeben, Spaß macht es schon, ein wenig Quartett zu spielen) ist auch Franz Werfel mit seinem Roman *Die vierzig Tage des Musa Dagh.*

Wir sollten dieses Prosamonument (ich las es kürzlich, in Zeiten Coronas, als viel Zeit war) neben den *Zauberberg* stellen, ein Berg ist ein Berg ist ..., und der Musa Dagh, auf den sich mehrere tausend Armenier flüchten, ist ja ein solcher. Und wie es Werfel gelang (bzw. *wie er gezwungen wurde, weil Kunst keine Kontrolle, sondern ein Zwang ist, ein Impuls, der dann kontrolliert werden muss*), in wenigen Jahren sich das tragische Schicksal der ermordeten und vertriebenen Armenier anzueignen, um es dann, mit ungeheurer Wucht literarisch zu verarbeiten, ist eins der Wunder der modernen deutschen Literatur. Bei einer Nahostreise stieß er wohl auf den Stoff, der ihn sofort gefangen nahm. Unvorstellbar die Recherchen und Mühen, an tiefgreifende Informationen zu gelangen, Quellen, Daten, um 1930. Wie privilegiert wir doch heute diesbezüglich sind. Oder eben doch nicht? Wie bei ZEWA: mit einem Wisch ist alles weg.

Im DDR-Kinderfernsehen lief eine Sendung, da sang Reinhard Lakomy zur Gitarre: »Geschichten erzählen von Freude und Fleiß. Geschichten erzählen, die noch keiner weiß. Frag doch die Leute, frag doch die Leute …« Werfel musste sie noch fragen, die Leute. Seelenlos könnte sie werden, die Literatur, wenn uns all das verlorengeht.

Länger schon denke ich über ein Werfel-Projekt nach, Werfels abenteuerliche Flucht vor den Nazis, seine Erinnerungen an »seinen« Musa Dagh, sein Flehen zu Gott (*Das Lied von der Bernadette*), seine Ankunft in Amerika … »Die vierzig Tage des Franz Werfel«, aber das wäre eher eine filmische Serie, und wir versuchen hier zu ergründen *Wozu Literatur,* und wollen unsere Seelen nicht verkaufen an Fernsehen, Netflix und Hollywood.

Der Völkermord an den Armeniern (und überhaupt das große Morden der Jahre 1914 bis 1918) war zu dem Zeitpunkt, als Werfel zu schreiben und zu recherchieren begann, ja schon mehr als fünfzehn Jahre her, aber als er 1933 aus dem noch in Arbeit befindlichen Roman öffentlich las, zeigte sich die Zeitlosigkeit des Stoffes. Kaum auszudenken, wie diese Prosa über Rassenhass, Hysterie, Vertreibung damals gewirkt haben muss, als all das wieder, in einem anderen Kontext, »aktuell« wurde.

So muss ein »historischer Roman« wirken, so muss er konzipiert sein, dass er über seine Historizität hinausragt, so scheinbar singulär und erschütternd diese auch sein mag. Wann erschienen die großen Romane über den WK 1? Mindestens zehn Jahre nach Ende des WK 1. (*Le Feu* von Henry Barbusse, erschienen bereits 1916, ist da eher eine Ausnahme: »Donner füllt den hohen bleichen

Himmel; jeder Einschlag, der einem der roten Blitze folgte, lässt dort, wo es noch dunkel ist, einen Feuerschein erkennen und eine Wolke, wo es tagt. Hoch oben, ganz hoch und fern, hört man den Flug grausamer, unsichtbarer Vögel, die mit lautem, stoßweisem Brausen aufsteigen, die Erde zu betrachten. Die Erde!«

Ernst Jüngers *In Stahlgewittern*, Anfang der 1920er Jahre erschienen, fällt da stilistisch doch eher ab, wie fast alles von Jüngers Schwulst, ausgenommen die surrealistischen Etüden in *Das abenteuerliche Herz*. Die sind heute noch lesbar und sprechen wieder für die kurze Form, weil da Jünger nicht ins Schwafeln kommen kann. (Und wenn er schwafelt, dann richtig! Und dann sind gewisse Kollegen heute noch begeistert, lassen sich schnell mitreißen zum großen Schwafelwettstreit.)

In Stahlgewittern ist aber durchaus interessant durch seine Unmittelbarkeit und das kriegsgewitternde Klirren (jetzt schwafele ich aber auch!), zählt für mich aber nicht zu den großen Romanen über den *großen Krieg der weißen Männer.* Zumal Barbusse auch immer den Kriegsirrsinn beschreibt, mit einer Kraft beschreibt, schildert, Bilder sucht und ins Denken der Soldaten dringt, den Kriegsirrsinn zwar nicht plakativ anprangert, was ja okay wäre, aber diesen Roman, der im Untertitel *Tagebuch einer Korporalschaft* heißt, mit früh-expressionistischer Kraft den Krieg und den Tod und sogar das All hinterfragen lässt, da fließt ein Strom, gegen den der alte und junge Jünger doch recht provinziell und oft aufgesetzt und kitschig wirkt. Barbusse hingegen: »An der Schwelle zur Ewigkeit, geläutert von den Leidenschaften der Parteien, befreit von überkommenen Begriffen und von der blinden Macht der Überlieferungen, wägen diese Menschen das Leben und empfinden unklar die Einfachheit aller Dinge und die Möglichkeiten, die sich auftun. Der letzte in der Reihe ruft: ›Dort unten kriecht was!‹

›Ja … es scheinen lebende Wesen zu sein.‹

›Sie gleichen Pflanzen …‹

›Nein, Menschen.‹ Im grässlichen Leuchten der Blitze, unter den zerfetzten dunklen Wolken, die sich dehnen und über die Erde strecken wie böse Engel, scheint es ihnen, als sähen sie eine weite, fahle Ebene. In der Vision tauchen Gestalten aus ihr hervor …«

Ein Autor wie Arnold Zweig brauchte hingegen Zeit, viel Zeit, um seinen Roman *Der Streit um den Sergeanten Grischa* zu komponieren, 1928, in dem er, fast schon im Brecht'schen Sinne (auch Kafka!), das Zerschlagen eines Menschen, der zwischen die Fronten geraten ist, zeigt, auch hier lesen wir gebannt die neo-expressionistischen Passagen, was waren das nur für mutige Stilisten! »Die Erde, Tellus, ein kleiner Planet, strudelt emsig durch den kohlschwarzen, atemlos eisigen Raum, der durchspült wird von Hunderten von Wellen, Schwingungen, Bewegungen eines Unbekannten, des Äthers […] Es steht ein Mann im dicken Schnee, unten am Fuße eines schwarz angekohlten Baumes, der spitzwinklig in gute Höhe ragt mitten im verbrannten Walde […]«

Auch ein Ludwig Renn musste sich neu erfinden, vom adligen Offizier zum einfachen Gefreiten, um in einer neusachlichen Sprache das Buch *Krieg* zu schreiben. Aber auch in diesem Roman, dessen Titel so genial und einfach ist, *Krieg*, donnern die Lautmalereien hinein. BRAMM WUMM BRAMM usw. Renn bringt über ganze Sätze und Passagen so den Irrsinn des Krieges beinahe dadaistisch zum Ausdruck. Will sagen: Große Werke (Romane) sind oft nicht nur in einer Form verhaftet, Kurzgeschichten, Erzählungen benötigen da schon eher eine gewisse Stringenz. Aber back to WK 1 und der Dringlichkeit und Langsamkeit der Literatur: Hemingways *A Farewell to Arms* erschien 1929, Remarques Kriegsroman *Im Westen nichts neues* im selben Jahr. Zeit … Zeit …

Ein Roman über die spanische Grippe ist mir nicht bekannt, allenfalls taucht sie auf in Celines *Reise ans Ende der Nacht*, in dem der WK 1 nur einen kleinen Teil einnimmt, wir reisen mit einer Galeere zu den Ford-Werken und verlieren uns in den Armenvierteln von Paris ... Die Krankheit ist dort der Krieg, die Seuche ist dort der Mensch, der den Krieg macht; halluzinieren wir oder krepieren wir?

Ein Celine suchte lange eine Ästhetik, die all diesem Irrsinn gerecht wird. Der Roman wird anarchistisch, widerspricht sich selbst, ist Monolith und Fragment und dennoch exakt komponiert. Akkurat gewoben werden muss der Teppich, damit er irgendwann fliegen kann. (Vorsicht!, »fliegende Teppiche« bewegen sich schnell auf einem ähnlichen Niveau wie Juli Zehs unfreiwilliges Bonmot »Die Angst ist ein geschecktes Pferd, das sich aufbäumt«! Aber mit Niveau ist's wie mit Nivea ...) Kunst ist kein Schnellschuss. Zeit ... Zeit ... Ein Roman über einen der apokalyptischen Reiter muss gut durchdacht sein, seine Sprache muss beweglich sein, apokalyptisch, aber nicht pathostriefend. Dessen Figuren müssen glaubwürdig sein und müssen leben und dürfen nicht nur Mittel zum Zweck sein, um einen Roman zur Zeit, den Roman einer Katastrophe schreiben zu können. Wer hier sehr schnell ist, ist verdächtig. Es sei denn, ein Autor (ob Mann oder Frau ist mir vollkommen egal, ob weiß, schwarz, jung, alt, schwul oder hetero, denn es geht doch um ein Werk, das auch, wenn der Autor anonym wäre, wirken und bestehen muss) schreibt eine Kurzgeschichte, in der unsere Zeit hineinspielt, hier ist Verknappung und zeitnahe Realitätsverdichtung (Transformation!) durchaus möglich.

Isaak Babel schrieb nur wenige Jahre nach seinen Erfahrungen und Erlebnissen im russischen/sowjetischen Bürgerkrieg seinen Erzählungsband *Die Reiterarmee.*

Babels Kurzgeschichten sind Prosapoeme. Mein Vater schwor auf Babel, der auch in der DDR erschien. Doch die wahre Schönheit von Babels Prosa lässt sich wohl erst in der Ausgabe der Friedenauer Presse in der Übersetzung von Peter Urban erahnen. Der Duktus dieses Erzählens von Dingen, die nicht zu erzählen sind, erinnert an Joseph Roth, erinnert an *Ein Menschenschicksal* von

Scholochow (natürlich ist Babel zeitlich vor Scholochow, *Scholochow knows Babel*). Babel ist purste Erzählökonomie, obwohl von Ökonomie zu sprechen hier schon wieder fehl am Platz ist. Babels Text ist Poesie. Im Angesicht des Schreckens. »- Panie, - sagte sie zu mir, - Sie schreien im Schlaf und wälzen sich herum, ich mache Ihnen das Bett in der anderen Ecke, Sie stoßen meinen Papa …

Sie hebt die mageren Beine und den runden Bauch vom Fußboden und zieht dem Schlafenden die Decke weg. Da liegt ein toter alter Mann, auf den Rücken geworfen. Die Kehle herausgerissen, das Gesicht in zwei Hälften zerhackt …«

Babels berühmte Trauer um die Bienen, die der Beginn der kurzen Etüde *Weg nach Brody* ist, wird wohl noch in hunderten Jahren die Leser ergreifen, wenn man ihnen den Text, die Prosa Babels über die Jahrhunderte nachträgt, bewahrt (doch wie soll das geschehen, oder geschieht es von selbst?): »Ich trage Trauer um die Bienen. Verheert sind sie von feindlichen Armeen. In Wolhynien gibt es keine Bienen mehr.

Wir haben die unbeschreiblichen Bienenstöcke geschändet. Wir haben sie ausgeräuchert mit Schwefel und gesprengt mit Pulver. Rußgeschwärzte Lappen verbreiten Gestank in den geheiligten Republiken der Bienen. Sterbend, flogen sie langsam und summten kaum hörbar. Da wir kein Brot hatten, holten wir uns mit den Säbeln Honig. In Wolhynien gibt es keine Bienen mehr.«

Auf die Frage, welche Bücher er auf eine Reise mitnehmen würde, antwortete der Schriftsteller Fred Wander einmal so: »Die Bibel und Babel«. Doch während ich das schreibe, kommen mir Zweifel. Hat das wirklich Wander gesagt? Ich las es in einem Buch (glaubte es dort gelesen zu haben) mit Gesprächen von Autoren, aber nun finde ich das Buch nicht mehr. (…) Habe es nun doch gefunden in meinen Regalen. Es ist von Josef-Hermann Sauter und heißt *Interviews mit Schriftstellern*. Aber seltsamerweise ist Fred Wander überhaupt nicht drin in dem Band. Ich war mir doch so sicher. Aber vielleicht zitiert ja einer der interviewten Schriftsteller Fred Wander. »Die Bibel und Babel.« Und wenn ich so darüber nachdenke, finden sich diese beiden Einflüsse schon in Fred Wanders Erzählung *Der siebte Brunnen* wieder. (Da Wander Jude war, zweifelte ich kurz an der Bibel, aber das Alte Testament ist doch ein jüdisches Buch im besten Sinne, die Geschichte eines Stammes, aus dem dann später Jesus hervorging, die einen glauben so, die anderen glauben so, beziehungsweise »wie man betet, so lügt man«. Zumal in dem Wikipedia-Eintrag zu Fred Wander auch zu lesen ist, dass er sich in der Tradition chassidischer Geschichtenerzähler sah.)

Obwohl es nach wie vor und auch zurecht Untersuchungen über den Antisemitismus in der DDR gibt (in einem Romanprojekt, an dem ich arbeite, wollen, in einem der Handlungsstränge, vom Neonazismus infizierte DDR-Jugendliche jüdische Friedhöfe schänden, Anfang/Mitte der 1980er Jahre), sind doch mit *Jakob der Lügner* von Jurek Becker und eben *Der siebte Brunnen* von Wander zwei der eindrucksvollsten Werke über den Holocaust in den KZs in eben jener DDR erschienen und wurden von dort aus zu Welterfolgen; es fällt schwer hier die üblichen literarischen Kriterien anzusetzen, aber Wanders und Beckers Prosa (zumindest die in den genannten Büchern) waren und sind durch ihre ganz und gar unterschiedliche stilistische Brillanz, mehr als nur Berichte, sind dennoch Berichte, aber dringen zum Ursprung eines Erzählens vor, dringen quälend vor.

Christa Wolf über *Der siebte Brunnen*: »Wie soll man Geschichten erzählen, die fast alle mit Mord, mit Erschießen, Erschlagen, Verhungern, Erfrieren, mit Gaskammer und Galgen enden? Geschichten, die nicht erfunden sind, an denen der Autor nichts erfinden darf. Anti-Geschichten also ... Wander hat das Problem des Erzählens, des Redens unter solchen Umständen überhaupt zum Motiv seines Buches gemacht.«

Doch ich glaube, hier vergisst Christa Wolf die Macht und den Zauber der Sprache. Denn in *Der siebte Brunnen* geschieht eben dieses Wunder: Sprache erfasst Geschichte, Poesie dringt ein in den Unort, verändert den Unort, erhellt und verdunkelt ihn zugleich. *Geschichten erzählen, die keiner mehr weiß ...* Was weiß ich denn heute über den Fiktionsgehalt? Die Sprache trägt den Text durch die Jahre.

»Joschko und seine Brüder hockten mit übereinander gekreuzten Beinen ruhig neben mir [...] und hüteten Naftalis Schlaf. Naftali redete im Schlaf und träumte. Es war ein schöner Traum. Einer hatte heißes Wasser gebracht, in einer verbeulten Konservendose. [...] Joschko fuhr dem Kleinen vorsichtig mit der Hand übers Gesicht, dieses winzige, zerknitterte, schwarze, traurige Gesicht. Mit dem Löffel, mit meinem Löffel träufelte er dem Träumenden ein paar Tropfen auf den Mund.«

Immer wenn ich diese berührende, meisterhafte Prosa Fred Wanders lese, erinnere ich mich daran, wie ich den Schriftsteller ein- oder zweimal sah. Er verließ ja, so lese ich nun wieder bei Wikipedia, die DDR im Jahr 1983. Dann muss es im Sommer 1982 gewesen sein, da war ich also 5 Jahre alt, vielleicht war es auch im Juli 1983, und danach erst verließ er das Land, aber klein war ich so oder so. Und erinnere mich dennoch an diesen weißbärtigen Mann, der eines Nachmittags mit dem Fahrrad und einem kleinen Hund auf dem Bauernhof Augustenberg auftauchte, ungefähr zwanzig Kilometer von Güstrow (in Mecklenburg) entfernt. Meine Großeltern mütterlicherseits hatten Anteile an jenem Gehöft inmitten der mecklenburgischen Schweiz, bewaldete Hügel, Felder und Felder, die gegen diesen einsamen Hof rollten ... Mein Großvater war ein Maler, der in den 1950er Jahren im Zuge der Formalismus-Debatte von der Kunsthochschule *Burg Giebichenstein* in Halle an der Saale flog. Eine wichtige und unrühmliche Rolle in jenen Tagen, von denen er oft, aber ohne Groll erzählte, spielte ein Kulturfunktionär namens Wilhelm Girnus, Autor des Bandes *Wozu Literatur.* Der erschien zu einer Ausstellungseröffnung in Ahrenshoop an der Ostsee, wo die Kunststudenten sich probierten an den nördlichen und maritimen Sujets. Girnus erschien also »umrahmt von zwei Blauhemden«, wie mein Großvater es immer ausdrückte, und dann begann der Generalverriss. (Weil alte Boote, das Meer, verfallene Katen usw. gemalt wurden, statt »kraftstrotzender Arbeiter, die Buhnen in die Brandung rammten«, wie Girnus es ausdrückte. Aber, so mein Großvater: »Wir hatten ja nie einen gesehen!«) Der Beginn der Formalismus-Debatte, die durch die ganze DDR rollte und Köpfe forderte, viele bildende Künstler verließen das Land in Nacht- und Nebel-Aktionen.

Mein Großvater mütterlicherseits war ein Autodidakt. Er stammte aus einer Familie von böhmischen Gebirgsbauern und Holzfällern, die Kunst entdeckte er auf der Flucht der Familie 1945/1946. Die Eltern meines Vaters, also meine anderen Großeltern, arbeiteten in einer Molkerei in Züssow/Vorpommern. Einmal im Jahr trafen sich die Familien auf den Bauernhof Augustenberg bei Güstrow. Geprägt hat mich dieses nicht Vorhandensein irgendeines Standesdünkels. Mein Großvater, der Maler, arbeitete auf dem Bau oder als Entroster, als er als Künstler nicht arbeiten durfte. Mein Vater machte eine Lehre als Krankenpfleger. Die Mutter meines Vaters wohnte lange in der Molkerei. Das waren doch ganz normale Menschen!

Nie habe ich mir darüber Gedanken gemacht. Meine Kindheits- und Jugendfreunde kamen aus Arbeiterfamilien. Dieses Aufwachsen und diese Souveränität bestimmten Lebensumständen gegenüber prägten sicher die Wahl meiner erzählerischen Sujets, oder sagen wir: das *Finden* (statt *die Wahl,* denn die hat man ja, bekanntlich, eigentlich nie). Wer die Wahl hat, ist vielleicht privilegiert in gewissen Hinsicht, aber dennoch halte ich es, wenn es im weitesten Sinne um ein *Wozu Literatur* geht, nicht mit meiner

Zeitgenossin Zadie Smith (geboren 1975), von der ich in einem Interview kürzlich folgendes las:

»Mein Alter ist perfekt, um Schriftstellerin zu sein. Ich habe gestern mit meinem Freund, dem Schriftsteller Daniel Kehlmann, telefoniert. Wir beide finden: Das Schönste am Älterwerden ist, dass wir nicht mehr ständig als ›Wunderkind‹ gehandelt werden. Und dass wir uns mit Mitte vierzig gewisse Fähigkeiten angeeignet haben, die uns die Arbeit viel leichter machen. Ich habe zum Beispiel gelernt, dass Klarheit wichtiger ist als etwas auszuschmücken. Mit diesem Wissen macht mir das Schreiben immer mehr Spaß. Am Ende ist es aber auch nur eine Tätigkeit wie Bananenbrot backen.«

Bananenbrot backen? Wunderkind? Fähigkeiten angeeignet? Spaß? Klarheit vs. Ausschmückung?

Vielleicht arbeite ich ja in einem anderen Universum. In denen Heizer schreiben, Figuren wie Bräunig aus der Wismut entsteigen, Franziska Linkhand auf den Baustellen ihre Illusionen von einem neuen guten Land verliert, wo Brüche Montage sind, das Ringen um Stoff und Form zu spüren ist, auch wenn der Stil elegant oder klar erscheint, kein Schein: Sein! Und wenn Schein: dann Feuer in der Nacht.

Mein Großvater mütterlicherseits erzählte mir einmal die Geschichte, wie er mit seiner Familie während der Flucht und Vertreibung aus dem Riesengebirge mit einem Zug kurz auf dem Bahnhof Torgau hielt, der Krieg war wenige Tag erst vorbei. Als er aus dem Zugfenster blickte, sah er neben der Strecke zahlreiche kleine Feuer, Feuerstellen, an denen Soldaten saßen, Flüchtlinge, Ausgebombte … Und diese Feuer mit den Schatten und Schemen, die um sie kauerten, hätten ihn, der damals zwölf Jahre alt war, mit einer ungeheuren Melancholie erfüllt, ihn tief erschüttert …

Eine ähnliche Melancholie verspürte ich, wenn ich das Straucheln vieler meiner Altersgenossen nach 1990 sah, Jugendliche, die

Outlaws wurden, in gestohlenen Autos verbrannten, in Arrestanstalten und richtigen Gefängnissen verschwanden, nur kurz in den Nächten der Stadt L. glühten … Die ersten Schreibversuche hatte ich schon als Kind gemacht, Tiererzählungen, Indianergeschichten, Gedichte, bedeutungsschwangere Etüden über Bomberpiloten … Aber dann, Anfang der 1990er, fanden Tankstellenräuber und Autoknacker den Weg in meine jetzt nächtlich aufgeladenen kurzen Texte, fand der Moloch Stadt seinen Weg in meine (immer noch bedeutungsschwangeren) Versuche, die eher Prosapoemen ähnelten, hatte ich meinen Babel schon gelesen (die Bibel war mir ja eh vertraut)?

Wurde ich dennoch anfangs belächelt im Viertel ob meiner Schreiberei? Ja und Nein. Da ich (wenig später) in jeder Kneipe heimisch war, auch eine gerade Rechte zur Verteidigung anbringen konnte, verzieh man mir meine Marotte. Ein Spinner, ein Dichter. Aber einer von uns. Pathosgeladene Etüden der Nacht.

Aber ich wusste, dass ich die Großen studieren musste, um zu begreifen, wie Literatur funktioniert. Die ersten richtigen Schriftsteller traf ich dann erst 1998 am Deutschen Literaturinstitut.

Dass aber eigentlich Fred Wander der erste Schriftsteller war, den ich sah, dem ich begegnete, begriff ich erst Jahre später. Und erinnerte mich an das Geraune, die Erzählungen, als der weißbärtige Mann zum Urlaubsdomizil der Großeltern kam. »Ist das wirklich Fred Wander?« Mit einem kleinen Hund. Er hatte wohl gehört, dass da Künstler, aber auch ganz undogmatische Menschen in einem Bauernhof unweit seines Bauernhofes Urlaub machten und wollte einfach mal schauen …

Aber als hätte ich etwas gespürt, als dieser Dichter des *Der siebte Brunnen* mir nahe war, beobachtete ich ihn genau, er wirkte geheimnisvoll, dennoch nahbar, er saß mit den Großeltern und den Eltern am Holztisch, sie beredeten etwas; auch Jahre später fragte ich immer wieder meine Eltern und Großeltern, ob dieser Mann wirklich ein berühmter Schreiber war … Und ein oder zwei Jahre später nach der Erstbegegnung zogen wir eines Tages von Augustenberg in das Dorf, in dem Fred Wander damals wohnte. Der Großvater wusste ungefähr, wo der Bauernhof des Dichters lag, aber das Gehöft war leer, Wander war weitergewandert.

Babel und die Bibel … Die große, alles verschlingende Form, oder die kurze akkurate Erzählung, die Story. Braucht die kurze Form einen Kern, um den sie kreist, ist der Roman ein Steinbruch, die Shortstory schlägt in drei Akten auf (selbst die, die permanent die Richtung wechseln, experimentell sind wie etwa die schrägen Stories eines Donald Barthelme).

Dass Mann, Thomas, anfangs ein Kurzgeschichtenerzähler war, wird heute nur wenig erinnert. Mann schrieb auch zu Beginn seines Schreibens über eine Klientel, die man heute sehr schnell als Unterschicht abstempeln würde. Ich gebe zu, das ist übertrieben, aber Gescheiterte, Erniedrigte und Beleidigte sind es allemal. Tobias Mindernickel, der seinen ungezogenen Hund mit einem Messer schwer verletzte, um in der Pflege des Verletzten aufzugehen, der behinderte kleine Herr Friedemann, der Bajazzo, der einer Erzählung seinen Namen gab und nicht in der großbürgerlichen Welt zurecht kam …

Hans Mayer, dessen Essays über die großen Realisten und die deutsche Literatur mich ebenso wie die von Lukács beeindruckten, schrieb: »Die Menschen ›fallen‹, wie in Thomas Manns erster Erzählung, da keine verbindenden Kräfte, Glaubenssätze und Spielregeln die alte Gesellschaft beisammen halten. Sieht der Künstler die Hässlichkeit der Umstände, so ändert sich nichts durch alle Schilderung: es bleibt beim Gemälde der Hässlichkeit. Daran verging der Naturalismus, dem die Hoffnung von morgen fehlte, und in der bürgerlichen Welt auch fehlen musste. Schuf die Gestaltungskraft gebildete Schönheit oder widmete sie sich dem Anschauen, wie der Kaufmannssohn im *Märchen von der 672. Nacht*, so brach doch immer wieder die hässliche Umwelt in den schönen Bereich.«

Der Zauberberg ist sicher ein Meisterwerk (in der Moderne und dem traditionellen Realismus gleichermaßen verhaftet) und neben Döblins *Berlin, Alexanderplatz* vielleicht der deutsche Roman der ersten Hälfte des 20. Jahrhunderts, aber seitenweise französische Konversation kann schon nerven (und ist sowieso von Tolstoi geklaut), ebenso der erigierte Bleistift (also auch der nervt, ist aber nicht von Tolstoi geklaut) und die Schwanzlutscherzigarren, und manches im *Tonio Kröger* oder in *Tod in Venedig* schwülstelt doch arg, aber vielleicht gehört auch das zu den Gründen, warum man immer noch mit Fug und Recht behaupten kann: Thomas Mann ist schon geil.

In meinem Roman *Im Stein* singt eine nackte Frau, die wie eine Galionsfigur am Bug eines Ausflugsdampfers steht, der auf der Oder kreuzt, dem Grenzfluss, *Am Brunnen vor dem Tore*, nein, sie singt es nicht, es kommt von einer Platte, dröhnt aus den Lautsprechern des Schiffes, während sie ihren Pelzmantel öffnet, denn eigentlich ist sie nur unter dem Pelz *nackt* ... Diesen Zauberbergbezug hat nie jemand erwähnt oder auch nur wahrgenommen, auch nicht, dass eine meiner Hauptpersonen Hans heißt. Vielleicht, weil man dachte, ach, ist ja Rotlicht, ist doch gar nicht intellektuell, ist doch Hurenroman und Unterschichtkasperletheater, wie es mal die Kritikerin Iris Radisch nannte. Es war einmal ein Hans, der zog einst aus, wollte das Fürchten lernen, war der Eisenhans und der Hans im Glück und der Hänsel im dunklen Wald ... Heinerich der Wagen bricht! »Nein, Herr, der Wagen nicht, es ist ein Band von meinem Herzen, das da lag in großen Schmerzen.«

Ähnlich wie die Geschichten der Bibel waren die Märchen der Brüder Grimm meine ersten (Vor-)Leseerfahrungen. Bei Mann liegt das Märchen ja schon im Titel. *The Magic Mountain*.

Es war mir allerdings nie ersichtlich, warum eine Vielzahl deutscher Romane, die in der Zauberberg-Erscheinungszeit erschienen sind, nie eine Chance bekamen, neben dem Mann'schen Kosmos zu bestehen, ihnen doch ebenbürtig waren, aber eben vollkommen anders, im Dreck wühlend, intellektuell erst auf den zweiten Blick. Exemplarisch erscheint mir da *Das Totenschiff* von B. Traven. Tucholsky rühmte diesen Roman hoch!

Stilistisch ist das für die damalige Zeit sehr ungewöhnlich. Ein Ich-Erzähler, der den Leser stellenweise direkt anspricht, der Umgangssprache in den Erzählstrom bringt, mal expressionistisch aufgeladen erzählt, mal sachlich.

Der Held ist, und das war neu, ein Matrose, ein Kohlenschaufler, ein Mann im Unterdeck, ein Mann im Maschinenraum, der die glühenden Roste auswechselte, blutiges Sperma schwitzte, in Angst erwachte und dennoch fatalistisch den Untergang des *Schiffes Europa* beiwohnte, der staatenlos ist, weil sein Pass nicht mehr gilt, auf einem abwrackenden Seelenverkäufer dient und fährt, dem *Totenschiff* ...

»Doch ich lieg' nicht an einem Riff, / Ich fahre auf dem Totenschiff / So fern vom sonn'gen New Orleans, / So fern vom lieben Louisiana.«

Und wenn ich den Schluss dieses monumentalen Romans lese, kriege ich heute noch Gänsehaut.

»Und er sprang. [...] Da war kein Hafen. Da war kein Schiff. Da war kein Ufer. Alles See. Alles Wogen. [...] Und ich rief: ›Stanislaw! Lawski! Bruder! Lieber, lieber Kamerad, komm hierher! Hoiho! Hoiho! Hierher! Hierher!‹ Er hörte nicht. Er kam nicht. Er kam nicht mehr hoch. Er tauchte nicht mehr auf. Da war kein Totenschiff. Da war kein Hafen. Da war keine Yorikke. Er tauchte nicht mehr auf, no, Sir. Und das war merkwürdig. Er tauchte nicht mehr auf, und ich konnte es nicht fassen, wie das zuging. Er hatte angemustert für große Fahrt, für ganz große Fahrt. Aber wie konnte er nur mustern? Er hatte doch kein Seefahrtsbuch. Sie würden ihn gleich wieder runterfeuern. Aber er kam nicht hoch. Der große Kapitän hatte ihn gemustert. Und treu hatte er ihn gemustert, auch ohne Papiere. ›Komm, Stanislaw Koslowski‹, sagte der große Kapitän, ›komm, ich mustere dich treu und ehrlich für große Fahrt. Laß nur die Papiere. Brauchst keine bei mir. Fährst auf treuem und ehrlichem Schiff. Geh zum Quartier, Stanislaw. Kannst du lesen, was über der Tür steht?‹ Und Stanislaw sagte: ›Ja, Käp'n. Wer hier eingeht, ist ledig aller Qualen!‹«

Dieser Duktus, geschrieben in der ersten Hälfte der 1920er Jahre, war mir neu, als ich ihn las, inhalierte, nachhorchte. Das schien mir modern, *yes Sir*, das war nicht wohlfeil und sich dem lesenden Bürger anbiedernd, *no Sir.* Das hatte einen gewaltigen Bumms. Das ging unter die Haut, das war klassenlos und große Klasse! Das war Sound, Umgangssprache, Hochsprache, Meeresrauschen und Maschinenstampfen, Slang kam hier mit hinein, wurde aber vom Rhythmus getragen, Rhythmus ist alles (fast!), das Ich war das Kamera-Auge, das Ich war im Unterdeck und beschrieb die Dinge dennoch so, dass das Totenschiff auch eine große Allegorie ist, Europa versinkend, die Spekulanten schicken es los, das Schiff, kassieren ab, wenn es sinkt, moderne Sklaven, fast wie die Galeerensklaven bei Celine, die von Afrika nach Amerika rudern … Traven schrieb auch Meisterwerke wie *Die Brücke im Dschungel* oder *Die Baumwollpflücker*, die diese moderne, bewegliche Sprache aufwiesen, die mich stets auch an die großen Amerikaner erinnerte, das war ein wenig Hemingway-Sound, das war schon fast eine *Catcher in the Skye* Rotzigkeit, das hatte auch den Naturalismus eines Jack Londons und die traurige, philosophische Tiefe von Steinbecks *Of mice and Men.* Am Literaturinstitut in Leipzig hielt ich meine theoretische Zwischenprüfung über B. Traven, stieß in der Vorbereitung auf Travens Roman *Der Karren*, wo er fast dokumentarisch die Arbeit und das Leben eines *Carretero* beschreibt, eines Indios, der einen Lastkarren besitzt. Dort, am Deutschen Literaturinstitut Leipzig, sagte mir in dieser Zeit ein Dozent, der damals durch unglückliche Umstände (im Nachhinein waren sie glücklich), der Stellvertreter des Stellvertreters war, dass ich aufhören sollte, über die, in seinen Augen, kriminellen Charaktere, zu schreiben. Das würde ja zu nichts führen. Ich war zutiefst verunsichert. Wie nun weiter? Ich war ja in der Findungsphase.

Wollte kein Bananenbrot backen, sondern ... Spuren finden, Spuren hinterlassen, Findlinge in den Spuren, die vielleicht Monolithe waren, Brüche und Steinbrüche durchwühlen und durchwandern, mein Verständnis von Leben und Literatur war ein vollkommen anderes!

Aber ich blieb bei meinen »kriminellen Charakteren«, las weiter B. Traven (und so viele andere, die mir mehr Lehrer waren als dieser Stellvertreter des Stellvertreters), fuhr neben dem Studium jeden Abend Gabelstapler in einem Großhandelsmarkt und stellte mir vor, ich wäre der Carretero, der Karrenmann, der Indio, der ...

Eine Frau tritt in sein Leben (in das des Indios, nicht in meines, ich erklärte die unbändige, teils noch rohe Kraft meines Romas *Als wir träumten* später, verklärend, mit der Weiberlosigkeit, unter der ich damals litt, immerhin verdiente ich genug, um für *Im Stein* hautnah zu recherchieren), die er *Estrella* nennt, seinen Stern, dann auch *Estrellita,* also *das Sternchen,* wenig später nannte ich die große Liebe des Ich-Erzählers meines ersten Romans *Als wir träumten*: Estrellita. Eine Verbeugung vor Traven, der im Dschungel Mexikos verschwand, sich von dort aus in die deutsche Literatur schrieb, der einst als Ret Marut den Traum von der Räterepublik in München träumte, zum Tode verurteilt wurde, fliehen musste, auf Schiffen Kohle schaufelte, eine neue Sprache fand, der von den Baumwollpflückern und den Heizern künden wollte in einer neuen Sprache, die keine Begrenzungen kennt, keine Dogmen, keinen Klassismus, keine intellektuellen Vorbehalte, eine Sprache, die den Menschen als Spielball des Kapitals, des Schicksals, des Dschungels zeigt. War denn das nicht im wortwörtlichsten Sinne *Weltliteratur*?

Was hat Traven angetrieben, was war *seine* Antwort auf »Wozu Literatur?«.

Er war anonym, nutzte ein Pseudonym. Ließ nur sein Werk sprechen. War es ein Trieb? Auch biologisch. Kinder schaffen und erschaffen, der beste Sänger sein im Gesangsverein ..., nein. Oder trug er tief im Herzen die Empörung, nutzte so sein Talent, um zu künden aus dem Dschungel, aus dem Unterdeck, von den Baumwollfeldern, den Kautschuksklaven und den Karrenmännern ...

Traum von Ruhm, nein. Reichtum und Anerkennung, nein.

Traven war kein Schatzsucher wie die Helden seines *Der Schatz der Sierra Madre*: Drei Männer ziehen aus, um Gold zu schürfen, den Schatz zu finden, der Armut zu entfliehen. Ein Märchen über Gier und Träume ... Traven schrieb und schrieb, aus dem Dschungel in die Welt, und blieb ein Rätsel. So wie dieses »Wozu Literatur« eines ist ...

Doch es ist *Das Totenschiff*, das, einzigartig durch seine Sprachkraft und sein ungewöhnliches Sujet, herausragt in der deutschen Literatur jener Zeit. Und ist nicht dieses Totenschiff des Rätsels Lösung? *Wozu Literatur.*

Ist es nicht ein Monument wie ... ja, auch *Der Zauberberg*. Oder der *Musa Dagh*. Antworten schlichtweg in Form von Büchern. Von Autoren.

Werfel hatten wir ja schon. Es ist die aufgeladene Sprache Franz Werfels, die noch die Urwüchsigkeit des Expressionismus in sich trägt, die bis heute begeistert, blumiger und viel weiter ausholender als die »knackige« Sprache Travens (von wegen Klarheit vs. Ausschmückung); und all die vielen Gestalten, die Werfel erschuf: Armenier, Türken, Botschafter, Emire, Lehrer, Generäle, Deutsche, Franzosen, Gauner, Kriegsverbrecher ... Gestalten, Figuren, die er so lebendig werden ließ, *die Lebenden und die Toten*, dass sie den Leser bis in die Träume verfolgen … Stellen wir uns vor, ein deutscher zeitgenössischer Autor schreibt sprachlich und strukturell fordernd, packend, ausufernd, im Wechsel ex- oder impressionistisch über die Krisen der letzten Jahre und Jahrzehnte, erfindet Figuren wie die Bagradians oder den armenischen Apotheker, der sich mit einer Mauer aus Büchern gegen den Völkermord wappnen will, der aber Legenden und Geschichten und Literatur vermengt, selbst fortsetzt und erfindet, weil die Bücher in Sprachen geschrieben sind, die er nicht versteht … Werfel findet und erschafft den Musa Dagh, beschreibt und erfindet den Kampf der zum Untergang geweihten, ums Überleben Kämpfenden. Stellen wir uns vor, ein ähnlich ungeheures Wagnis würde ein Autor heute … wagen, träumen wir … Bananenbrote haben wir doch genug!

Die Komposition von Figuren, lebendigen, psychologisch glaubhaft agierenden, dreidimensionalen Wort-Menschen (d. h. aus Worten erschaffenen) war und ist also für den Roman immens wichtig, nur so entstehen Monumente, das war und ist die große Bühne, Oper und »Es war einmal …«, während für die kurze Form, mit der der Schriftsteller ja in der Regel beginnt, sich erst einmal *versucht*, das Skizzieren von Charakteren, Helden, Personen unabdingbar ist, *character is action*. In der Kurzgeschichte wird nicht weit ausgeholt … höchstens zu einem Schlag ins Gesicht der/des Protagonisten.

Woran ist also der Niedergang dieser Gattung, also der Kurzgeschichte, festzumachen, sollte sie nicht gerade heute, in der Zeit der Shortcuts, der Clips, des Schnell-Konsumierbaren in voller Blüte stehen? Kann sie, also die Shortstory, nicht am ehesten und auch am schnellsten eingreifen *in unsere Zeit*, getreu dem Titel des ersten Shortstory-Bandes von Hemingway *In our time*?

Lange dachte ich nach und denke immer noch, wenn es um die Kurzgeschichte geht: Was ist das? Wie funktioniert das? Roman oder Kurzgeschichte. *Who is king?* Beziehungsweise Queen. Der König ist tot. Kann man Zauberei entschlüsseln? Ich versuchte einmal, ein paar Jahre ist das her, einen Essay über die Kurzgeschichte zu schreiben. Ich war gerade für ein Semester Dozent am Deutschen Literaturinstitut, an dem ich ja selbst einmal studiert hatte, dazu später vielleicht mehr (beziehungsweise hat sich ja nun schon vorher was in den Text geschlichen, was das DLL betrifft, aber so ist nunmal mit der Chronologie, sie kann jederzeit aufgehoben werden, das Projektil fliegt in den Lauf zurück, die Ursache liegt in der Zukunft, Literatur ist nie didaktisch und selten chronologisch, *Tick Tack* versus *Fick Fuck*) … Der Essay jedenfalls begann so: »In den letzten Wochen versuchte ich mich wieder mal an einer Kurzgeschichte. In meinem Seminar »Kurze Prosa« am Deutschen Literaturinstitut hatte ich meinen Studenten einen Plot vorgeschlagen: Der Höhlenforscher liegt delirierend in der Tiefe. Er stirbt. Er lebt. Er kriecht immer tiefer in die Erde und in seine Erinnerungen.

Einen der Zeitungsartikel über den verunglückten Höhlenforscher in der Riesending-Schachthöhle hatte ich gleich mitgebracht, um zu zeigen, wie ich manchmal meine Stoffe finde, außerhalb der eigenen Biografie, aber mit dem Höhlenforscher ist's wie mit den Astronauten, nur eben in der Tiefe; faszinierend, ein Mann in einem Raum, ein Mann in einem Traum. Der den Raum gefüllt, mit seinem Leben, seinem Sterben … ist das nicht ein klassischer Kurzgeschichten-Plot? Ich folge der Raumtheorie, Figuren interagieren in einem Raum, da haben wir doch schon die halbe Miete zu einer guten Story, gelle? Ich heftete den Artikel an die Pinnwand vor den Seminarräumen. Mit der Aufforderung, eine Geschichte daraus zu machen, sich zu probieren, der Mann in der Tiefe zu werden, um ihn herum den Raum eines kurzen Textes zu erschaffen, *in 3D*, so wie ich es meinen Studenten sagte: ›Bloß nicht!‹, schrieb dann jemand unter den Artikel, und meine Aufforderung, ihn zu nutzen. Na gut, dachte ich, mache ich es eben selbst! Das wird mir leicht von der Hand gehen. Glaubte ich doch, alles über die Kurzgeschichte zu wissen. Merkte aber schnell, wie ich mich wieder einmal täuschte. Eine Kurzgeschichte ist ... ja was? Ich hasse Definitionen à la Literaturwissenschaft. Josef Haslinger sagte mal in einem Kurzgeschichtenseminar, das ich 2000 am Literaturinstitut als Student besuchte, dass eine Kurzgeschichte schlichtweg eine Geschichte sei, die man in einem Zug durchlesen könne. Das erschien mir immer plausibel, verwies es doch auf die Vielfältigkeit der Form, gibt es sie denn überhaupt, die klassische Kurzgeschichte, und sage ich nicht immer wieder, man müsse, um die Form aufzubrechen, um mit ihr zu experimentieren, diese eben erst einmal beherrschen in ihrer scheinbaren Einfachheit ...

Nehmen wir Hemingway, für mich der Großmeister und Urvater der Kurzgeschichte, auch wenn er natürlich aus dem Strom Sherwood Andersons, Ambrose Bierces, Bret Hartes, Edgar Allen Poes, Maupassants, Anton Tschechows und dessen großen Vorgängers Iwan Turgenjew (dessen *Aufzeichnungen eines Jägers* ein frühes Konzeptalbum von Kurzgeschichten ist, und welches Hemingway immer wieder in seinen Briefen erwähnt) heraustritt, der große frühe Stilist Hemingway, ohne den wir wahrscheinlich gar nicht von der klassischen Kurzgeschichte sprechen würden, der die Carvers und Munroes so sehr beeinflusste ...«

Ich sehe es ein, sich selbst zu zitieren, ist eigentlich blöd. Aber wir rühren soviel in anderen Stimmen und anderen Räumen, sodass es manchmal sinnvoll erscheint zu schauen, was in unserer nie enden wollenden Suche nach dem *Wozu Literatur?* an Ideen und Versuchen zu Tage kam. (Hier wäre eine Möglichkeit, gleich einem Jazzer, tonal anzudocken an *zu Tage*, und dann das *Unter Tage* einzuführen, jenen Topos, der bei Wolfgang Hilbig, Werner Bräunig, Franz Fühmann eine so große Rolle spielte, als wäre Novalis selbst ihr Literatur- und Berginspektor gewesen ... Franz Fühmanns wenig bekanntes Fragment *Im Berg* ist ein beeindruckender Steinbruch des Lebens und des Schreibens. In dem er versucht, den Mythos, die Märchen, die Realität der DDR, die Märchen und die Komödien, die Geschichte des Bergbaus, die Realität, den Mythos, die DDR, die Welt, die Unterwelt ... zusammenzuführen. »Ich habe grausame Schmerzen«, schreibt Fühmann, »der bitterste ist der, gescheitert zu sein: In der Literatur und in der Hoffnung auf eine Gesellschaft, wie wir sie alle einmal erträumten.«)

Der Kern. Immer wieder verweise ich auf *den Kern,* wenn ich über das Geheimnis der Kurzgeschichte ausgefragt werde. Was ist das, der Kern einer Kurzgeschichte, was und wo ist das kleine Erzvorkommen, um das wir kreisförmig unsere Sätze ziehen?

Ein Mann steigt aus einem Zug. Es schneit. Er trägt etwas in der Innentasche seines Mantels, es geht um seine alte Mutter, bei der er seinen Weihnachtsbesuch macht (White christmas?). In einem kleinen Dorf, das einst wie eine Insel inmitten der Braunkohle lag. Ist das ein Kern? Um was genau dreht sich die Story? Wieviel Komponenten verträgt eine Story? Old Mutter muss raus aus dem Haus, Erinnerungen an Kindheit, da gab's keine Butter, der Onkel ist der Bruder der Mutter, wunderlich war er und las Sexhefte, gemeinsam kamen sie einst in dieses Dorf, Brüderchen und Schwesterchen ... Was ist der Kern? What makes a story working? (My characters don't speak good english!)

Hemingway scheint heute, in Zeiten des Gender-Sterns ja vollkommen raus zu sein. Dabei zeigt er in seinen besten Kurzgeschichten, wie es geht, wie mit scheinbar geringen Mitteln ein magischer Raum erzeugt wird, in dem Probleme der Zeit, des Daseins, des Menschseins ausgetragen werden, kleine Tragödien, *character is action.* Ein Mann und eine Frau auf einem Bahnhof im Ebro-Delta. Das ist heute immer noch (vor allem im englischen Original) berührend. So wie der *Alte Mann an der Brücke.* Das ist es doch, dachte ich, als ich diese Shortstory das erste Mal las, ein scheinbar simpler Plot (der Alte, der Tiere gehütet hat und nicht weiterkann, die Front des spanischen Bürgerkrieges direkt hinter ihm) wird exemplarisch und existenziell. »Ein alter Mann mit einer Stahlbrille und sehr staubigen Kleidern saß am Straßenrand. Über den Fluss führte eine Pontonbrücke, und Karren und Lastautos und Männer, Frauen und Kinder überquerten sie. [...] Aber der alte Mann saß da, ohne sich zu bewegen. Er war zu müde, um noch weiterzugehen.«

Und erst dann kommt das ICH: »Ich hatte den Auftrag, über die Brücke zu gehen, den Brückenkopf auf der anderen Seite auszukundschaften und ausfindig zu machen, bis zu welchen Punkt der Feind vorgedrungen war.«

Um diese Sätze zitieren zu können, suche ich den Band *49 Stories* in meinem Bücherregal. Hemingway-Gesamtausgabe. Der geschwungene Schriftzug seines Autogramms eingestanzt auf dem Titel. Blättere darin und erinnere mich, dass ich den Band der selben Ausgabe, den ich 1997 am Fuße der Sierre Morena (hinter Cordoba) gelesen habe (auch ein Erweckungserlebnis), meinem guten und alten Freund Karsten geschenkt habe, mindestens fünfzehn Jahre ist das her, also die Schenkung. Notizen hatte ich mir in dem Buch gemacht, das Datum vorne reingeschrieben (ich habe noch eine Ausgabe von *Verlorene Illusionen* da steht vorne drin »Jugendarrestanstalt Zeithain, Januar 1997«), aber ich dachte, dass man doch den gelernten Maurer K., der auf Bukowski schwor (ich nicht so), mit den glasklaren Stories Hemingways für die Literatur einfangen kann, Opfer müssen wir alle bringen, Bananenbrote backen können andere ...

Wozu Literatur? Um zusammenzuführen? Jeden als Leser akzeptieren zu können? Es gibt Kritiker, denen ist diesbezüglich nicht zu helfen ... Sie stecken mit ihrem Kopf über den Wolken fest ... Sind nur noch gewöhnt an:

»Ich - erzähle - mal - was - aus - meiner - Kindheit - oder - meiner - Suche - nach - meinem - Geschlecht - im - Schatten - eines - hippen - Cafés ...«

Für ernsthafte, relevante Literatur braucht es aber auch Menschenkenntnis, ein Verständnis dafür, dass im ungeheuren Raum eben dieser Literatur der Mensch in *all seinen Facetten* auftauchen kann, denn dieser Raum ist, und da sind wir wieder irgendwie bei Lukács, beinahe klassenlos. King Lear schläft auf der Bahnhofsmission, und wir folgen den Spuren der Steine bis zu den *Erniedrigten und Beleidigten*, treffen Transport-Paule und Kohlen-Kutte, Balcács Bauern, Heizer Hilbig, den verlorenen Raskolnikow mit seiner Sonja, die sich prostituiert, damit ihre Familie nicht verhungert, wir folgen Franz Biberkopf von Döblin und den Schlachthausarbeitern Upton Sinclairs in den Dschungel Chicagos, und den Verlorenen im *Manhattan Transfer* ... Wer nun den Duktus »Kleine Leute« nutzt, ist eigentlich schon raus, außer er heißt: Hans Fallada und schrieb *Kleiner Mann, was nun*? (Wäre da heute ein »Kleiner Mann / kleine Frau, was nun?« daraus geworden?) Fallada war ja tief hinabgestiegen, trotz seiner mehr als gutbürgerlichen Herkunft lebte und kannte er die Welt der Morphinisten, der Stricher, der Huren, der Spieler, der Knackies, der Schieber, der Kriminellen. *Halb zog es ihn, halb sank er hin ...*

WIR HABEN NICHT ANGEFANGEN!!! FÜR UNS WAR ES NORMALITÄT. LEUCHTE IN JEDE ECKE DES UNGEHEUREN RAUMS. WIR HABEN NICHT ANGEFANGEN!!!

Ich gebe zu, ich bin dünnhäutig geworden (»Ach diese Haut, diese verfluchte Haut!«, wie es bei Malaparte heißt), wenn wieder und immer wieder das Gerede über die vermeintlichen Randgestalten aufkommt. Wo ist denn der Rand? Und sind es nicht gerade die Ränder und die Brüche, die für die Schriftsteller interessant waren und sind (Vor allem waren!).

Was spielt es denn für eine Rolle, wo ich herkomme? (Dass es keine Rolle spielen sollte, woher der Protagonist eines Werks kommt, was er gearbeitet hat, sollte ja klar sein, wir sind doch nicht beim lustigen Berufe-Raten!) Ein Werk muss als Werk gelesen und wahrgenommen werden, beinahe Autor-los, denn der Tod, der ja bekanntlich groß ist, negiert doch irgendwann eh jede Möglichkeit, den Verfasser, den Schriftsteller zu fragen, lebend einzubeziehen ... Er hat die Zeiten besungen, transformiert, lebendig in Worten neu erschaffen, Figuren komponiert, das Menschsein voll Pathos und voll Klarheit geschildert. Warum?

Ein krankhafter Impuls? Eine Verwirrung oder Übersensibilisierung des Sprachzentrums im Gehirn? Der HERR sprach, im Anfang war das Wort ...

Bei meinen Recherchen zu dem großen Topos, in dem auch *Nacht im Bioskop* angesiedelt ist, stieß ich auf den jugoslawischen Schriftsteller Alexandar Tisma, der die Stadt Novi Sad (zu K.u.K-Zeiten hieß sie Neusatz) in seinen Romanen wieder auferstehen ließ, sie mit all ihrer Tragik und der ihr zuteil gewordenen Zerstörung beinahe architektonisch in Worten und Sätzen neu erschuf (Neusatz!), eine Hiobs-Stadt, *Das Buch Blam* heißt einer dieser Romane ... Tisma schrieb über diesen Impuls, der ihn in eben diesen Zeiten der Zerstörung anfiel:

»Immer deutlicher fühlte ich (...), dass mein instinktiv angestrebtes Ziel, Bücher zu schreiben wie die, die ich gerne las, mein einzig möglicher Lebensweg war. Ohne Literatur, ohne von mir geschriebene Bücher, würde ich ein Nichts bleiben, ein leerer Raum, ein Raum ohne Verbindung zur Wirklichkeit, zur Geschichte, ja zum Leben; falls ich vorher stürbe oder am Leben bliebe, es aber nicht schaffe, sie zu schreiben, gäbe es mich nicht, ich wäre ein Gespenst, eine Maske, ein falscher Mensch, ein Spuk mitten im Leben, der verschwindet, in dem er sich in einen anderen, einen toten Spuk auflöst.«

(Wird fortgesetzt)